Charles Cotton.

Unterweisungen, wie man Forellen oder Aesche in einem klaren Strome fängt.

Impressum

Bibliografische Information der Deutschen Nationalbibliothek:
Die Deutsche Nationalbibliothek verzeichnet diese Publikation
in der Deutschen Nationalbibliografie; detaillierte
bibliografische Daten sind im Internet über dnb.dnb.de abrufbar.

© 2021 Charles Cotton
Herstellung und Verlag: BoD – Books on Demand, Norderstedt
ISBN: 978-3-7528-9952-8

Der vollkommene Angler.
Zweiter Theil.

Enthält Unterweisungen,

wie man Forellen oder Aesche in einem klaren Strome fängt.

Von
Charles Cotton.

Qui mihi non credit, faciat licet ipse periclum:
Et fuerit scriptis aequior ille meis.

Nach der Ausgabe von Ephemera.
Übersetzt von J. Schumacher.

Hamburg.
P. Salomon & Co.
1859.

Zu diesem Buch.

Seit der 5. Auflage von 1679 wird Isaak Waltons *Compleat Angler* durch einen zweiten, prononciert fliegenfischereilichen Teil ergänzt, durch die *Instructions how to Angle for a Trout or Grayling, in a Clear Stream* von Charles Cotton.

Beide Teile der Walton-und-Cotton-Ausgabe von Ephemera aus dem Jahr 1853 übersetzte dann bis 1859 ein sonst nicht näher bekannter J. Schumacher für den Verlag P. Salomon & Co. in Hamburg. Doch kaum ein Dutzend Buchblöcke dieser ersten und bislang einzigen Walton-und-Cotton-Übersetzung ins Deutsche überlebte anno 1859 den Brand im Hamburger Verlagshaus – und dann auch noch die 140 Jahre bis heute.

Eines dieser extrem raren Restexemplare stöberte im Herbst 1998 Helmut Irle in der Universitätsbibliothek Hohenheim auf und mit der freundlichen Erlaubnis von Direktor Dr. Jörg Martin wurde es zur Basis für diese Wiederherausgabe von Teil 2, den Cotton'schen *Unterweisungen, wie man Forellen oder Aesche in einem klaren Strome fängt*. Dabei empfahl sich aus drei Gründen kein Faksimilereprint:

Zum einen ist das Original von 1859 in Fraktur gesetzt, d.h. in Lettern, die schon heute kaum jemand lesen mag bzw. kann. Der Neusatz in einer klassischen Times orientiert sich jedoch minutiös an den Schreib- und Interpunktionsweisen von J. Schumacher.

Zweitens war so die Wiedergabe des üppigen, besserwisserischen Anmerkungsapparates von EPHEMERA zu vermeiden, den J. Schumacher mitübersetzt hat.

Und zum dritten weist der fortlaufende Text der Schumacher'schen Übersetzung keinerlei Bebilderung auf, ein Mangel, der nun mit einigen klassischen Illustrationen der englischen Walton-und-Cotton-Tradition behoben werden kann.

Nicht zu schließen waren allerdings jene Lücken, die J. Schumacher beim Übersetzen ließ. Vom siebenten Kapitel an werden die Auslassungen und Zusammenfassungen immer gröber. Als ob der Gesamtumfang seiner Walton-und-Cotton-Übersetzung aus Kostengründen 320 Seiten auf gar keinen Fall übersteigen durfte ...

Wie auch immer: Dem Verlag P. Salomon & Co. und seinem Übersetzer J. Schumacher gebührt das Verdienst, sich zum ersten und bislang einzigen Mal auch für eine Übersetzung der Cotton'schen *Unterweisungen* engagiert zu haben.

Den Anhang 1 dieses Nachdrucks bilden die drei kommentierten Bildtafeln jener Ephemera-Ausgabe, mit denen auch die Schumacher'sche Übersetzung schließt.

Absolut einzigartig dann die Darstellungen aller 65 von Cotton beschriebenen bzw. skizzierten Fliegenmuster in Anhang 2. Sie sind der fachpraktischen Erfahrung, sorgsamen Recherchen und der computergrafischen Artistik von Henning von Monteton zu danken.

Anhang 3 nennt die Subskribenten, die den ersten Nachdruck der Cotton'schen *Unter-weisungen* ermöglichten.   Jochen Schück

Der vollkommene Angler. Zweiter Theil.

Enthält Unterweisungen, wie man Forellen und Aesche in einem klaren Strome fängt. Von Charles Cotton. Nach der Ausgabe von Ephemera ins Deutsche übersetzt von J. Schumacher, Verlag P. Salomon & Co., Hamburg, 1859.

© Erneut herausgegeben vom Verlag J. Schück, 2000. Wieder aufgelegt vom Verlag J. Schück Nachfahren, Lohhofer Str. 11, D – 90453 Nürnberg,

Inhalt

Charles Cotton war ein hochgebildeter Landbesitzer von guter Familie. Er wurde 1630 geboren. In Beresfordhall, am Ufer des Dove, dem reizenden Besitzthume seiner Mutter, lebte er, nachdem er die Universität Cambridge besucht hatte, und ward ein leidenschaftlicher, und zwar einer der berühmtesten Fliegenfischer seiner Zeit.

Cotton starb 1687. Er war zwei Mal verheirathet; lebte aber, trotzdem dass die Frau seiner zweiten Ehe ein Einkommen von jährlich 1500 Pfund Sterling hatte, häufig in pecuniairen Schwierigkeiten.

Seine Liebe zu Walton war so groß, daß Walton ihn als Sohn adoptierte. Cotton hat verschiedene **Schrift**en hinterlassen.

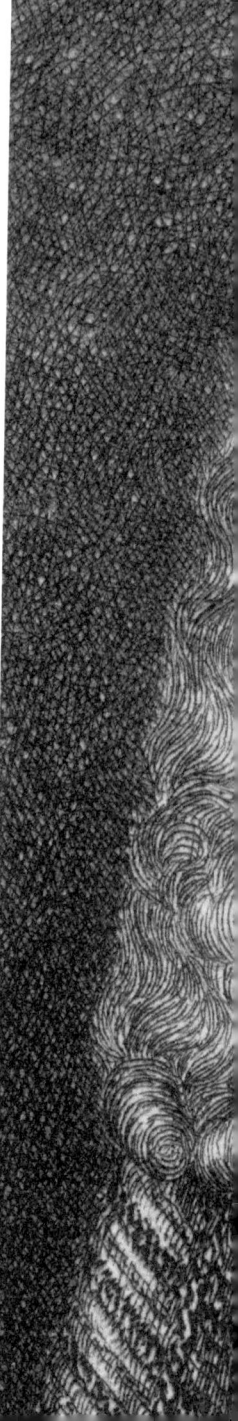

Charles Cotton.
Ausschnitt aus dem Stahlstich
von Ben Damman.

Erstes Kapitel.

Piscator junior und Viator.

Erster Tag.

Piscator. Ich habe Sie glücklicher Weise eingeholt, mein Herr. Darf ich mir die Freiheit nehmen Sie zu fragen, wie weit Sie in dieser Richtung reisen werden?

Viator. Sicherlich, mein Herr, obgleich ich Ihre Frage nicht genau beantworten kann, da ich nicht weiß, wie weit es bis Ashborn ist, wo ich zur Nacht einzukehren gedenke.

Pisc. Wohl denn, mein Herr, da ich sehe, daß Sie ein Fremder sind, so will ich Ihnen mittheilen, daß es von der letzten Stadt, die Sie passirten, Namens Brelsfort, fünf Meilen entfernt ist, und Sie haben noch keine halbe Meile von dieser Entfernung zurückgelegt.

Viat. So weit? Man sagte mir, es sei zehn Meilen von Derby, und mir däuchte, ich hätte diese schon durchritten.

Pisc. O! mein Herr, großes Maß ist bei gutem Lande, von dem Derbyshire, wie der größte Theil Englands, Ueberfluß hat, kein Fehler.

Viat. Es mag so sein und ich gestehe, daß ein gutes Land einen angenehmen Anblick gewährt; aber, mit Ihrer Erlaubniß, mein Herr, halte ich großes Maß bei schlechtem Wege nicht gerade für angenehm.

Pisc. Wahr, mein Herr, aber der schlechte Weg beweist die Fruchtbarkeit des Landes, und zwar nach dem alten Sprichworte: „Da ist gutes Land, wo schlechte Wege sind". Sie können daraus den Reichthum der Gegend, nach welcher Sie reisen, und den lebhaften Handel nach der Landstadt, von der Sie kamen, erkennen; abgesehen von der Lebhaftigkeit der Straße und der beladenen Wägen die Sie überall treffen.

Holzschnitt von J. JACKSON nach dem Bild von GOMPERTZ.

Viat. Wohl, mein Herr, ich will mich bescheiden, alles das Gute, was Sie nur wünschen können, von Ihrem Lande zu glauben, und ich werde hinlängliche Gründe haben, auch von Ihnen Gutes zu denken und zu sprechen, wenn Sie mir die Annehmlichkeit Ihrer Gesellschaft bis zu dem vorerwähnten Orte schenken wollen; vorausgesetzt, daß Sie Ihr Weg dahinführt, und daß Sie aus Gefälligkeit gegen einen Reisenden und in dieser Gegend durchaus Unbekannten Ihren Schritt etwas mäßigen wollen.

Pisc. Mein Herr, ich ziehe Vortheil aus Ihrem Anerbieten, und werde Sie gerne begleiten, da mein Weg durch jene Stadt führt. Meine Heimath ist indessen noch einige Meilen jenseits derselben. Ich werde jedoch Zeit haben Sie bis in Ihr Wirtshaus zu begleiten und dann meine Reise fortzusetzen. Darf ich in der Zwischenzeit so frei sein, mich nach dem Ende Ihrer Reise zu erkundigen?

Viat. Ich gehe nach Lancashire, in Geschäften, welche eine nahe Verwandte von mir betreffen; denn ich pflege nicht Reisen von der Länge von Essex bis dorthin zum Vergnügen zu machen.

Pisc. Daher kommen Sie, mein Herr? Dann wundere ich mich nicht, daß Sie mit der Länge der Meilen und mit der Schlechtigkeit der Wege unzufrieden sind, obgleich es etwas früh ist, daß Sie anfangen unzufrieden zu sein; denn, glauben Sie mir, Sie werden noch längere Meilen und schlechtere Wege finden, ehe Sie das Ende Ihrer Reise erreichen.

Viat. Wirklich, mein Herr, dann bin ich auf das Schlechteste vorbereitet. Mir däucht aber der Weg ist besser, seit ich in Ihrer Gesellschaft bin.

Pisc. Das haben Sie nicht meiner Gegenwart zu danken, sondern Sie haben den schlechtesten und größten Theil des Weges bis zu ihrem Nachtquartiere schon überstanden.

Viat. Ich freue mich, dieses zu hören, sowohl was mich, als auch was mein Pferd anbetrifft; aber vorzüglich, weil ich dann einen freieren Genuß Ihrer Unterhaltung erwarten darf, wenn ich auch bedauere, daß die Kürze des Weges mich derselben bald berauben wird.

Pisc. Das darf kein Gegenstand Ihres Bedauerns sein, mein Herr, denn ich bin gewiß, daß Sie, weil Sie mit meiner Gesellschaft zufrieden sind, eine bessere verdienen. Wir haben aber schon zwei Meilen des Weges fortgeredet, denn von dem Bache vor uns, der am Fuße des sandigen Hügels fließt, sind es noch drei Meilen bis Ashborn.

Viat. Ich sehe überall in dieser Gegend solche kleine Bäche, die fischreich zu sein scheinen. Giebt es keine Forellen in denselben?

Pisc. Diese Frage kann man einem Fremden verzeihen, sonst würde es eine Art Beleidigung für diese Gegend sein, das zu bezweifeln, worauf wir zunächst, wenn nicht gar vor Malz, Wolle, Blei und Kohlen, stolz sind; denn ich muß Ihnen sagen, daß wir eben so viele

schöne Flüsse und Bäche zu besitzen glauben, als irgend eine andere Gegend, und diese sind alle voll von Forellen, von denen einige
für bei Weitem die besten in England gehalten werden.

Viat. Früher waren Sie mir nur persönlich angenehm, nach
dem Berichte aber, den Sie mir von dieser Gegend geben, bin ich so
in dieselbe verliebt, daß ich in Derbyshire geboren sein möchte, oder
wenigstens, daß ich hier leben könnte. Denn ich muß Ihnen nur sagen, daß ich mich zu der Angelei bekenne, und zweifelsohne gewährt eine Forelle dem Angler vor allen anderen Fischen das größte
Vergnügen; natürlich muß also die beste Art von Forelle auch die
beste Jagd gewähren. Dieser Bach und einige andere, die ich gesehen
habe, scheinen mir für die Ausübung eines solchen Vergnügens zu
sehr bewachsen zu sein.

Pisc. Dieser Bach und mancher andere, sind kaum unter uns
bekannt; wir können Ihnen jedoch so schöne Ströme, frei von Holz
und anderen Hindernissen, zeigen, als irgend welche, die Sie je gesehen, und was die Klarheit unserer Ströme betrifft, so kann selbst
Hantshire, mit Herrn Isaac Walton's Erlaubniß, oder irgend ein Land
in Europa, keine derartige aufweisen.

Viat. Mein Herr, Sie gehen weit mit Ihrem Lobe auf Ihre hei-
mathlichen Flüsse, und Sie haben, wie ich bemerke, Herrn Walton's
„Vollkommenen Angler" gelesen. Bitte, was ist Ihre Meinung über
dieses Buch?

Pisc. Meine Meinung über Herrn Walton's Buch ist die eines
jeden Kenners des Angelns, nehmlich, daß es ein vortreffliches sei,
und daß kein Lebender mehr von Fischen und Angeln verstehe, als
der genannte Herr. Aber ich muß Ihnen mittheilen, daß ich glücklich
genug bin ihn persönlich und zwar sehr genau zu kennen, und in ihm
den würdigsten Mann und den treuesten Freund zu besitzen. Er erlaubt mir sogar, ihn Vater zu nennen, und ich hoffe, daß er sich nicht
seines angenommenen Sohnes schämt.

*Seiten 12/13: **Am Forellenfluß.***
Stahlstich von GRIFFITHS nach einem Gemälde von L.J. WOOD.

Paar Tage bleiben wollen, werden Sie das selbst im weitesten Maße erfahren. Doch davon später. Jetzt aber, mein Herr, sind Sie, wenn ich mich nicht irre, halb entschlossen, und damit ich Ihre Bescheidenheit ganz überwinde, will ich sagen, daß Sie mein Anerbieten annehmen müssen, und damit Sie es um so leichter thun, theile ich Ihnen mit, daß mein Haus an einem der besten Forellen- und Aeschen-Flüsse in England liegt; daß ich neulich eine kleine Fischerhütte gebaut und den Anglern gewidmet habe. Ueber der Thüre derselben ist Walton's und mein verschlungener Name angebracht, und Sie sollen in demselben Bette schlafen, mit dem er sich manchmal begnügt hat. Sie sollen die ländlichen Vergnügungen ge-nießen, die meine Freun-de manchmal annehmen, und so willkommen sein, wie der beste von ihnen.

Viat. Zweifelsohne, mein Herr, fand Walton gute Gründe, in Ihrem Hause zufrieden zu sein. Denn da Sie gegen einen Fremden so freundlich sind, da er es so wenig verdient hat, so müssen Sie gegen ihn, der es so sehr verdient, außeror-dentlich zuvorkommend gewesen sein.

Pisc. Glauben Sie mir, Nein, und diejenigen, die mit diesem Herrn bekannt sind, wissen, daß er ein Mann ist, der sich nicht wie ein Fremder behandeln läßt. Die Annahme meiner geringen Gastfreundschaft ist immer der beste Beweis seiner eignen Demuth und seines Wohlwollens und nichts anderes gewesen. Jetzt aber, mein Herr, gehen wir den Spittle-Hügel hinab zur Stadt, deshalb lassen Sie mich Sie drängen sich schnell zu entscheiden und ernstlich bitten, mir keine abschlägige Antwort zu geben.

Viat. Ich bin wahrhaftig durch Ihre Güte so erfreut, daß ich finde, es bleibt mir nichts Anderes übrig, als mich zu ergeben und Sie über mich bestimmen zu lassen.

Pisc. Das ist von Herzen und freundlich gesprochen, und ich statte Ihnen meinen besten Dank ab.

Viat. Ich folge Ihnen. Wie heißt der liebliche Fluß, der durch jene Steinbrücke fließt?

Pisc. Er heißt Henmore, und führt Forellen und Aesche. Sie werden aber noch einige bessere treffen. Sobald wir durch die Stadt sind, will ich solche Gegenstände zum Gespräche wählen, von denen ich glaube, daß sie Ihnen die Zeit vertreiben werden.

Viat. Sie können für mich keinen angenehmeren Gegenstand des Gespräches wählen, als wenn Sie vom Fischen und Angeln sprechen.

Pisc. Dann wollen wir darüber reden. Jetzt aber sind wir am Wirthshause. Was trinken Sie, Ale oder Wein?

Viat. Ich liebe das Landesgetränk, Derbyshire-Ale. Mir däucht, man sollte nicht von London kommen, um Wein am Peak zu trinken.

Pisc. Sie haben Recht, und doch muß ich Ihnen sagen, daß Sie in manchen Tavernen in London schlechteren französischen Wein trinken können, als den, welchen es bisweilen hier giebt. He! bringt uns eine Flasche des besten Ales; und nun, mein Herr, Ihre Gesundheit und die des Ehrenmannes, den Sie kennen. Sein Sie willkommen am Peak.

Viat. Ich danke Ihnen und trinke dagegen (auf) Ihre Gesundheit und die aller Brüder der Angel.

Pisc. Ich thue Ihnen Bescheid. Hier, Wirth, für Euer Ale und Adieu. Lassen Sie uns jetzt gehen, denn die Sonne steht tief, und ich möchte gerne, daß Sie die Gegend auf unserem Wege noch etwas beschauen könnten, denn Sie werden eine wunderbare Gegend finden, und Ansichten, die Ihnen fremdartig erscheinen werden.

Zweites Kapitel.

Erster Tag.

Pisc.   Jetzt, mein Herr, haben wir die Spitze des Berges erreicht. Blicken Sie um sich und sagen Sie mir, wie Ihnen die Gegend gefällt.

Viat.   Gott segne mich! welche Berge giebt es hier! Sind wir nicht in Wales?

Pisc. Nein, aber in einer Gegend, die fast eben so bergig ist. Diese Hügel, obgleich hoch, windig und felsig, erzeugen und ernähren gute Ochsen und Hammel über der Erde, und haben unter der Oberfläche derselben Schätze von Blei.

Viat. Sie haben auch alle diese Entschuldigungen für die schlechte Landschaft nöthig. Ich hoffe, unser Weg führt nicht über einen derselben, denn ich fürchte steile Abhänge.

Pisc. Er führt wirklich darüber, und namentlich über einen, der einem Fremden ein wenig Schrecken erregend erscheinen mag, obgleich der Weg leicht zu passiren ist, und zwar so leicht, daß wir Eingebornen bei'm Passiren nicht einmal von den Pferden

Den Spittle-Hügel hinab.
Holzschnitt von M. JACKSON nach dem Bild von GOMPERTZ.

steigen.

Viat. Dennoch hoffe ich, daß es einem Fremden erlaubt sein mag, sich nach eigenem Belieben zu benehmen, und daß ich mir die Freiheit nehmen darf, meinen Hals, denn ich habe daheim keinen anderen, lieber der Treue meiner Füße, als der meines Pferdes anzuvertrauen.

Pisc. Natürlich; in der Zwischenzeit halte ich es aber für das Beste, unsren Schritt zu beschleunigen, da der Weg ziemlich eben ist; damit wir den Berg, von dem ich spreche, bald passirt haben, und Ihre Furcht nicht vermehrt wird, wenn Sie in der Dunkelheit die Leichtigkeit des Hinübersteigens nicht mehr sollten erkennen können.

Viat. Gerne, so schnell es mein Pferd erlaubt; übrigens fürchte ich in Ihrer Gesellschaft Nichts. Wie heißt der schöne Fluß, auf den wir zureiten?

Pisc. Er ist Bentley-Bach genannt, und führt sehr gute Forellen und Aeschen; ist aber stellenweise so bewachsen, daß er dem Angler manche Schwierigkeiten bietet.

Viat. Es giebt hier so liebliche Flüsse, und zwar eine größere Menge derselben, als ich in irgendeiner anderen Gegend sah. Wissen Sie vielleicht beiläufig, wie viele derselben Sie hier haben?

Pisc. Ich kenne sie alle und könnte sie Ihnen leicht herrechnen, wenn es sich der Mühe verlohnte; die vorzüglichsten will ich Ihnen jedoch nennen. Um da anzufangen, wo wir uns jetzt befinden, denn Sie müssen wissen, daß wir an der Grenze von Derbyshire sind, haben wir zuerst den Dove, welchen wir in kurzer Zeit erreichen werden. Er bildet auf eine lange Strecke die Grenze zwischen Derby und Stafford, und hat seinen Namen von der Schnelle seines Laufes, die durch seinen großen Fall hervorgebracht wird. Er ist zwischen Felsen eingeschlossen, von denen sein Strombett, vier bis fünf Meilen von diesem Platze entfernt, sehr enge zusammengedrängt wird. Er entspringt aus einer so unbedeutenden Quelle, daß ich sie mit meinem Hute bedecken könnte, und schwillt durch

den Zusammenfluß vieler kleinen Flüsse und Bäche,
bis er etwas unterhalb Egginton in den Trent fällt und
dort seinen Namen verliert, zu solcher Breite und
Tiefe an, daß er fast überall schiffbar wäre, würde sein Lauf
nicht häufig durch Furthen und Wehren unterbrochen. Seine Ufer
sind eben so fruchtbar, wie die irgend eines anderen Flusses in
England. Sein Wasser ist in einer Entfernung von einer bis zwei
Meilen von seinen Quellen schwarz, welche Farbe überhaupt alle
Flüsse in Derbyshire ursprünglich haben, da sie alle aus Mooren
entspringen; wird aber nach einigen Meilen durch den Zufluß andrer Gewässer so klar gemacht, daß er, ehe er mein Haus erreicht,
sechs bis sieben Meilen von seiner Quelle entfernt, einer der cry-
stallhellsten Flüsse ist, die Sie vielleicht jemals gesehen haben.

    Viat. Entspringt der Trent in dieser Gegend?

    Pisc. In dieser Gegend wohl, aber nicht in dieser Graf-
schaft, sondern im oberen Staffordshire, in der Nähe von Trentham. Er fließt nicht weit von Stafford vorbei, nach Wolsly-Bridge,
und nachdem er den Rand des Waldes von Needwood bespült hat,
nach Burton. Von da tritt er in unsere Grafschaft und nimmt, nachdem er bei Swarkston und Dunnington vorbeigeflossen ist, den
Derwent bei Wildon auf; dann wendet er sich nach Nottingham,
Newark; fließt bei Gainsborough nach Kingston-upon-Hull, wo er
sich mit dem Humbre vereinigt und von da der See zuläuft.

    Viat. Wissen Sie, woher der Name Trent stammt?

    Pisc. Nein, wahrhaftig nicht, obgleich ich oft darüber habe
reden hören. Einige sagen, er habe seinen Namen von Trentham,
obgleich ich glaube, daß es umgekehrt ist; Andere sagen, er heiße
so, weil er dreißig Flüsse aufnehme. Das kann aber nicht sein, weil
er den Namen schon an seiner Quelle hat, ehe er überhaupt einen
Fluß aufnimmt; noch Andere meinen, weil er dreißig verschiedene
Arten von Fischen führe, und das scheint mir das Wahrscheinlichste.
Sei dem aber wie ihm wolle, zweifelsohne ist er einer der schönsten Ströme der Welt, und hat Ueberfluß an vortrefflichen Lachsen
und anderen leckeren Fischen.

    Viat. Verzeihen Sie meine Unterbrechung und fahren Sie
gefälligst in der Beschreibung der anderen Flüsse fort, denn diese

Art des Gespräches unterhält mich sehr.

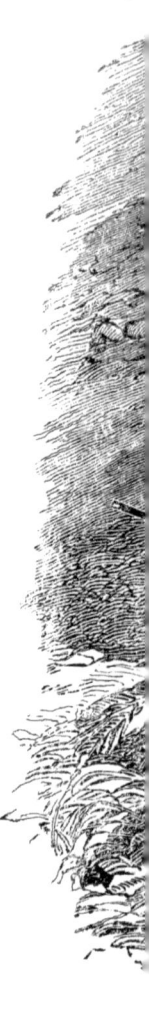

Pisc. Es war keine Unterbrechung, sondern eine sehr passende Frage, denn der Trent ist nicht allein ein Fluß Derbyshires, sondern sogar der bedeutendste von ihnen, dem die anderen ihre Namen opfern. Ich hätte dieses vielleicht zu erwähnen vergessen, wären Sie meinem Gedächtnisse nicht zu Hülfe gekommen. Der an Bedeutung nächste Fluß, denn ich will bei denen anfangen, die östlich von uns liegen, ist der Wye. Ich sage von Bedeutung, weil zwei kleinere Flüsse dazwischen liegen, der Lathkin und der Bradford, von denen der erste das reinste und durchsichtigste Wasser hat, das ich je sah, und die röthesten und besten Forellen in England führen soll. Keiner derselben verdient aber mit Recht den Namen eines Flusses, da beide zu unbedeutend sind. Der Wye entspringt bei Burton, einer Stadt, die etwa sieben Meilen von hier entfernt und eines warmen Bades wegen, das Sie auf Ihrem Wege nach Manchester sehen werden, berühmt ist. Er hat zuerst schwarzes Wasser, wie der Dove, klärt sich aber bald und hat vorzügliche Forellen und Aeschen. Er fließt dann bei Ashford, Bakewell und Hadden vorbei und fällt bei Rowsley, wo er seinen Namen verliert, in den Derwent. Dann folgt der Derwent, der schwarzes Wasser und zwar in der ganzen Länge seines Laufes hat; er hat Ueberfluß an Forellen und Aeschen. Er fließt bei Chatsworth, Darley, Matlock, Derby, Burrow-Ash und Awberson vorbei, fällt bei Wildon in den Trent und verliert da seinen Namen. Der östliche Theil dieser Grafschaft ist mit kleinen unbeträchtlichen Bächen eingefaßt, z. B. mit dem Awber, dem Eroways und anderen, bei denen es sich nicht der Mühe verlohnt sie zu nennen, wenn sie auch alle Forellen führen. Ich habe Sie jetzt, wie

An der Quelle des Dove.
Holzschnitt von M. JACKSON nach einem Bild von GOMPERTZ.

Felsklippen im Tal des Dove.
Holzschnitt von J. JACKSON nach einem Bild von GOMPERTZ.

ich wohl sagen mag, zu Wasser bis zu dem schrecklichen Abhang, an dessen Fuß der Dove fließt, wie ich Ihnen schon sagte, gebracht; deswegen richten Sie sich darauf, ein Bischen erschreckt zu werden.

Viat. Ich sehe, mein Herr, daß Sie mich ermuthigen, um mich der Schaam zu überheben; aber ich werde ihnen folgen, wohin Sie mich leiten. Ich sehe noch keine Gefahr, denn der Abhang scheint mir grün, eben und leicht passirbar zu sein.

Pisc. Sie werden ihn gleich weniger gerne mögen, wenn Sie nur erst die Spitze des Hügels erreicht haben. Nun, was denken Sie

jetzt?

Viat.   Was ich denke? Wahrhaftig, es ist die wunderbarste Straße, die Menschen oder Pferde je herabstiegen und ich glaube, es wird das Sicherste sein abzusteigen.

Pisc. Ich denke es gleichfalls, da Ihr Pferd diesen Paß nicht kennt, und obgleich ich häufig hinabreite, so will ich doch gleichfalls absteigen, um Ihnen Gesellschaft zu leisten, und mein Diener kann Ihr Pferd führen.

Viat.   Danke, mein Herr, ich werde auch wohl genug mit mir selbst zu thun haben, und würde mit meinem Pferde an der Hand die doppelte Furcht haben, entweder daß ich meinen Hals bräche oder daß mein Pferd auf mich fiele, denn der Weg ist so steil wie ein Dach.

Pisc. Wenn man von hier abwärts sieht, scheint es so; der Weg jedoch schlängelt sich so hin und her, daß Sie ihn nicht zu gefährlich finden werden.

Viat. Ich möchte doch, daß wir erst gesund hinunter wären. Hallo! Da bin ich noch eben gut davon gekommen. Die Steine sind so glatt. Da wieder! Ich kann nicht stehen! Ich glaube, es wäre am besten, ich nähme meine Hacken über die Schultern und rollte hinunter.

*Seiten 24/25: **Am Wye in Derbyshire.** – Ausschnitt aus dem Stahlstich von W. HENSHALL nach einem Gemälde von E. CRESWICK.*

Pisc. Wenn Sie glauben, daß Ihre Hacken Ihren Hals hinlänglich schützen, dann ist dieses allerdings der schnellste Weg hinunter-
zukommen. Geben Sie mir hier an diesem breiten Steine Ihre Hand,
und dann haben Sie das Schlimmste überwunden.

Viat. Ich danke Ihnen, mein Herr, jetzt bin ich darüber weg und
kann allein gehen. Woran erkennt man hier zu Lande Brücken? Pflegt
man hier mit Schiebkarren zu reisen?

Pisc. Nicht insoweit ich es bemerkt habe. Aber warum stellen
Sie diese Frage?

Viat. Weil diese Brücke für kein anderes Fuhrwerk gemacht
sein kann. Wahrhaftig, es kann nur eine Maus darüber gehen, sie ist
kaum zwei Finger breit.

Pisc. Ich freue mich Sie scherzen zu hören; ich
bin in mancher dunklen Nacht darüber geritten.

Viat. Es giebt unter vielen schlechten französischen
Sprichwörtern ein gutes: „Ce que Dieu garde, est bien gardé“.

Ich möchte nicht für tausend Pfund darüber reiten, und nicht für
zweitausend hinabfallen; dennoch glaube ich zu Fuß hinüber zu kommen, obgleich ich, wenn ich nicht fürchtete von Ihnen ausgelacht zu
werden, es auf allen Vieren versuchen würde.

Pisc. Ihre Scherzhaftigkeit kleidet Sie gut. Jetzt sind Sie hinüber. Willkommen in Staffordshire.

Viat. Wie, Staffordshire? wie komme ich dahin? In meinem
Reiseplane steht kein Wort von Staffordshire.

Pisc. Sie sehen, Sie sind hineingelockt, ich will Sie aber dafür
belohnen. Es liegt auch nur ein paar Meilen aus Ihrem Wege.

Viat. Ich glaube es gerne und will nicht daran zweifeln. Ist das
Ihr berühmter Dove? Er ist klar und reißend, aber nur sehr klein.

Pisc. Sie sehen ihn hier an der schmalsten Stelle, wir werden
ihn nach nach einem Ritte von zwei Meilen wieder sehen.

Viat. Möchte, wir wären erst dort. Wir haben aber doch keine dieser Alpen mehr zu passiren?

Pisc. Nein, nein, mein Herr; nur diese Höhe vor uns, die
nicht schwierig ist, und dann werden Sie sich nicht mehr über den

Weg zu beklagen haben.

Viat. Gut, wenn ich nach London zurückkomme, was Manche an meiner Stelle bezweifeln würden, dann werde ich meine Reiseabenteuer in der Art wie Tom Coriate beschreiben und auf meine Kosten drucken lassen. Wie heißt doch der Hügel, den wir eben herabstiegen?

Pisc. Er heißt Hanson Toot.

Viat. Dann lebewohl Hanson Toot! Ich werde dich nicht mehr betreten! Lieber gehe ich zwanzig Meilen um. Puh! Ich schwitze, daß mir das Hemd am Leibe klebt.

Pisc. Jetzt sind wir oben! Wie befinden Sie sich?

Viat. Oh vortrefflich und warm genug. Ah! haben wir hier eine Kirche? Und es ist eine niedliche dazu. Giebt es denn auch Kirchen hier?

Pisc. Wie Sie sehen; aber wenn Sie auch keine gesehen hätten, was brachte Ihnen Zweifel an dem Vorhandensein derselben?

Viat. Wenn Sie mir nicht böse sein wollen, will ich es sagen, ich glaubte, ich wäre einige Meilen über das Christenthum hinaus.

Pisc. Ich will Sie schon mit dieser Gegend aussöhnen, ehe wir uns trennen, wenn anders eine gute Gelegenheit zu angeln dieses vermag.

Viat. Ihre Gesellschaft und Gelegenheit zum Angeln wird viel thun; sonst halte ich, offen gesprochen, nicht viel von der Gegend.

Pisc. Während Ihres Witzelns über unsere Berge sind wir fast nach Hause gekommen. Sehen Sie, hier bietet Ihnen der Dove wieder sein „Willkommen" und ladet Sie auf Morgen zu einem Gerichte Forellen ein.

Viat. Ich erkenne ihn fast nicht wieder, er ist hier viel schöner.

Pisc. Er wird Ihnen morgen noch schöner erscheinen. Dort ist mein Haus und, in Ermangelung einer besseren, Ihre Herberge.

Viat. Es liegt allerliebst. Auch Wald giebt es dabei; er scheint jedoch so jung zu sein, daß er von Ihnen gepflanzt sein könnte.

Pisc. Es ist so. Wollen Sie absteigen? Nun erlauben Sie mir,

Sie nach allen Mühen der Reise von ganzem Herzen willkommen zu heißen.

Viat. Ich danke Ihnen, mein Herr, und bin herzlich erfreut hier zu sein, denn der Weg war wirklich sehr ermüdend.

Pisc. Sie werden um so besser schlafen. Sie sollen sogleich ein leichtes Abendessen haben, und dann zu Bette. – Leg't die Kleider fort und bring't, was es gerade giebt. Mach't auch das Bett für diesen Herrn in meines Vater Walton's Stube, und jetzt noch einmal, Willkommen, mein Herr.

Viat. Dieses Glas Sect hat mich wahrhaft erquickt, und ich werde eben so frei sein, mir von dem Fleisch zu nehmen, denn der Ritt hat mir einen guten Appetit gegeben.

Pisc. Greifen Sie zu. Sie sehen, mein Abendessen ist immer bereit, wenn ich komme, und ich wollte Sie nicht wie einen Fremden behandeln.

Viat. Es ist ein Zeichen Ihrer Pünktlichkeit, daß Ihr Essen so schnell fertig ist. Ich erwartete es

Schubkarrenbrücke bei Hanson Toot.
Holzschnitt von J. Jackson nach einem Bild von Gompertz.

nicht so schnell; jetzt aber, da es hier ist, werde ich mich ebenfalls nicht wie ein Fremder betragen.

Pisc. Ich danke Ihnen für diese freundlichen Worte. Jetzt, mein Herr, thue ich Ihnen mit einem Glase guten More-land's Ale Bescheid.

Viat. Sie haben gutes Ale hier, weit besseres als in Ashborn.

Pisc. Jetzt nehmt fort; bring't uns eine andere Flasche Ale und Pfeifen. Rauchen Sie auch?

Viat. Ja, mein Herr. Ihr Taback riecht sehr gut.

Pisc. Es ist der beste, den ich in London bekommen kann. Nun aber lassen Sie mich die Hoffnung aussprechen, Sie recht lange bei mir zu behalten.

Viat. Ich werde sicher so lange bleiben, als es mir möglich ist, und länger, denke ich, würden Sie mich auch nicht behalten wollen.

Pisc. Nicht, wenn es Ihnen unpassend wäre. Aber ich sehe, Sie sind müde, deshalb will ich Ihnen Ihr Schlafgemach zeigen, wo Sie den Punkt Ihres Hierbleibens auf Ihren Kissen in Bedacht nehmen und mir morgen Ihren Entschluß mittheilen können. Jetzt, nachdem ich Ihnen Ihr Schlafgemach gezeigt habe, bitte ich Sie, nur zu befehlen wenn Sie irgend Etwas bedürfen, und damit will ich Ihnen eine angenehme Ruhe wünschen.

Viat. Gute Nacht, mein Herr.

Beresford Hall.
Holzschnitt von J. Jackson nach einem Bild von Gompertz.

Drittes Kapitel.

Zweiter Tag.

Pisc. Guten Morgen, mein Herr. Wie? Schon auf und angezogen?

Viat. Ich bin schon eine halbe Stunde angekleidet. Ich habe vortrefflich geschlafen, und bin so begierig, entweder selbst eine Ihrer Forellen zu fangen oder eine fangen zu sehen, daß es mich nicht länger im Bette ließ.

Pisc. Ich freue mich, Sie heute morgen munter und aufgelegt zum Fischfange zu sehen, obgleich der Tag so ruhig ist und die Sonne so klar scheint, daß wir uns keine besondere Jagd versprechen können. Wir wollen es aber nichtsdestoweniger versuchen, und werden wohl so wie so wenigstens einigen Erfolg haben. Was nehmen Sie zum Frühstücke?

Viat. Ich pflege kein Frühstück zu essen, ich bitte aber um ein Glas Ale. Lassen Sie uns schnell sein, denn ich sehne mich darnach Ihre kleine Fischhütte zu sehen und Ihren Unterricht zu genießen.

Pisc. Wohl, mein Herr, hier ist das Ale.

Viat. Ich danke Ihnen, und jetzt lassen Sie uns, mit Ihrer

*Seiten 34/35: **Walton-Zimmer in Beresford Hall.** – Holzschnitt von M. JACKSON (Ausschnitt) nach einem Bild von GOMPERTZ.*

Erlaubniß, aufbrechen.

Pisc. Von Herzen gern. – Junge, nimm den Schlüssel zur Fischhütte und trage die beiden Angelstöcke dorthin. Nimm auch meinen Fischkorb, meine Tasche und den Ketscher mit und warte bis wir kommen. Kommen Sie, mein Herr, wir wollen gehen, und unterwegs können Sie mir Alles, was Sie gegen dieses Land haben mittheilen.

Viat. So unhöflich werde ich nicht sein. Gestern scherzte ich nur, um Sie zu unterhalten.

Pisc. Dann meine ich es eben so ernstlich jetzt, wie Sie gestern. Aber wenn Sie selbst wirklich ärgerlich gewesen wären, so hätte ich es Ihnen nicht verdenken können, denn unsre Gegend nimmt nicht auf den ersten Blick für sich ein. Scheint aber die Sonne hier nicht eben so helle wie in Kent, Middlesex, Essex oder in einer dieser anderen südlichen Grafschaften?

Viat. Es ist wahrhaftig ein schöner Morgen, und jetzt erscheint mir der Platz außerordentlich schön.

Pisc. Ob Sie es nun wirklich denken oder nicht, so können Sie mich nicht mehr verbinden, als wenn Sie es sagen, und alle meine Freunde, die meine Schwäche darin kennen, schmeicheln derselben. Hier, mein Herr, sehen Sie meinen Fluß; er windet sich wie eine Schlange durch das Thal, und wie gefällt Ihnen meine Fischhütte?

Viat. Es ist wirklich eine schöne Ansicht, und die Hütte scheint in dieser Entfernung ein hübsches Gebäude.

Pisc. Für den Zweck wenigstens gut genug. Hier ist ein Rasenplatz, und obgleich ich selbst kein besondrer Kugelspieler bin, so denke ich doch auch an das Vergnügen andrer Leute. Jetzt sind wir an der Thüre, bitte gehen Sie hinein. Wir wollen dort sitzen und sprechen, so lange es Ihnen gefällig ist.

Viat. Halt! was steht dort über der Thüre? Piscatoribus sacrum. Ich sehe, ich habe gewissermaßen ein Recht hier einzutreten, denn ich bin ebenfalls ein Fischer, wenn auch der schlechtesten Einer. Darüber steht der Namenzug, von dem Sie sprachen. Hat mein Mei-

Rückansicht von Cottons Fischerhaus.
Holzschnitt von P.F. Arson.

ster Walton dieses gesehen? Es scheint mir erst neu- gebaut zu sein.

    Pisc. Er sah den ausgearbeiteten Stein, ehe er eingemauert wurde, denn ich war gerade im Bau dieses Hauses begriffen, als er das letzte Mal hier war. Ich fürchte auch, er wird es nicht sobald sehen, denn er schrieb mir die unangenehmste Nachricht, die er mir geben konnte, nämlich, daß er zweifle in diesem Jahre mich besuchen zu können.

    Viat. Geschäfte gehen dem Vergnügen vor; er ist aber sicher eben so unzufrieden damit, wie Sie. Dieses kleine Haus gefällt mir ausnehmend gut. Es steht auf einer Art Halbinsel, indem sich der klare Strom um dasselbe windet. Ich mag kaum hineintreten, weil ich befürchte, daß mir das Innere nicht so gut gefallen könnte, wie das Aeußere. Ich will es jedoch versuchen. Es ist wirklich sehr hübsch; mit Wandschränken versehen; Alles so niedlich, und ein Marmortisch in der Mitte.

    Pisc. Genug, mein Herr, genug. Ich habe Ihnen meine größte Schwäche gezeigt, und jetzt greifen Sie mich bei derselben an. – Junge! setze zwei Stühle hier her, und während ich eine Pfeife Taback rauche, wollen wir, mit Ihrer Erlaubniß, von etwas Andrem reden.

Viat. Es giebt keinen passenderen Platz für die Belehrungen, die Sie mir versprochen haben.

Pisc. Ich fange, durch ein gewisses Etwas, das ich in Ihnen entdecke, an zu zweifeln, ob ich im Stande sein werde Sie zu unterrichten, obgleich ich dieses unternehmen zu können glaubte, wenn Sie wirklich mit unsren nordischen, klaren Strömen unbekannt sein sollten. Deshalb, da es in dieser Jahreszeit, wir haben den siebenten März, noch zu früh am Morgen ist, um eine Fliege auszuwerfen, bin ich erbötig Ihnen eine Vorlesung zu halten, wenn Sie mir nur sagen wollen, über welche Art des Forellenfischens ich reden soll.

Viat. Wenn Sie mich verbinden wollten und es Ihnen nicht zu mühsam ist, so möchte ich Sie ersuchen, mir das Ganze derselben mitzutheilen, und ich will Ihnen nicht verbergen, daß ich von Ihrer Höflichkeit und Ihrem More-Landsitz so entzückt bin, daß ich mich entschlossen habe so lange zu bleiben, um Alles, was Sie mir über dasselbe mittheilen können, zu hören.

Pisc. Sie hätten mir kein angenehmeres Versprechen geben können; deshalb will ich auch ohne weitere Ceremonie Ihnen sagen, daß es leicht für eine Anmaßung angesehen werden könnte, wenn ich Ihnen nach meinem Vater Walton, der wenigstens eben so viel, wie irgend ein Mann in England von dieser Kunst versteht,– Unterricht geben will. Da ich aber von meiner Kindheit an gewohnt bin in sehr klaren Strömen, einige von denselben vielleicht die klarsten in diesem Königreiche, zu fischen, und da die Art und Weise des Angelns, gerade dieser Klarheit wegen, etwas verschieden von der gewöhnlichen Methode ist, bei der man stärkere Schnüre gebraucht und näher an den Strom gehen darf, so kann ich Ihnen doch möglicherweise einige, selbst für Ihre Flüsse nützliche Belehrungen geben, Sie mit verschiedenen Fliegen und wie und woraus man dieselben verfertigt, bekannt machen, über welches er auch in seinem „Der vollkommene Angler" gesprochen hat.

Unterweisung.
Stahlstich von WILLMORE *nach einem Gemälde von* ABSOLON.

Viat. Ich bitte Sie, thun Sie das. Ich werde derweile, wenn Sie mir Ihren Stahl leihen wollen, eine Pfeife anzünden; denn ich pflege gewöhnlich am Morgen, statt des Frühstückes, zu rauchen.

Viertes Kapitel.

Zweiter Tag.

Pisc. Dann, mein Herr, wollen wir nach einer bestimmten Methode anfangen, wie es dem Meister in jeder Kunst geziemt, und ich will nicht leugnen, daß ich mich für einen Meister im Angeln halte. Wir wollen deshalb das Angeln nach Forellen und Aeschen in drei Abtheilungen theilen: in Fischen an der Oberfläche, am Grunde und in halber Wassertiefe. Diese drei Wege, obgleich sie beiden Fischen gemeinsam sind, so sind sie es doch nicht, weder im Allgemeinen noch absolut, sondern erfordern eine Unterscheidung, wie ich Ihnen an dem passendem Orte sagen werde.

An der Oberfläche fischt man mit Fliegen; am Grunde mit Grundködern; in halber Wassertiefe mit einer Elritze oder mit Grundködern.

Angeln an der Oberfläche zerfällt in zwei Abtheilungen; in Angeln mit einer lebendigen oder mit einer künstlichen Fliege.

Angeln am Grund zerfällt ebenfalls in zwei Abtheilungen; in freiem Handangeln oder in Angeln mit einem Korke oder Schwimmer.

Auch in halber Wassertiefe hat man zwei Arten. Angeln mit einer Elritze auf Forellen und mit dem Grundköder auf Aeschen.

Ueber alle diese Arten zu angeln will ich Ihnen, wenn Sie Geduld genug haben, nach besten Kräften Unterweisung ertheilen.

Viat. Sie werden mich durch Ihre Gefälligkeit sehr erfreuen und verbinden.

Pisc. Gut denn, also beginnen wir mit dem Fliegenfischen.

Fünftes Kapitel.

Zweiter Tag.

Ueber das Fliegenfischen.

Pisc. Von den natürlichen Fliegen benutzen wir im Allgemeinen zwei Arten, und zwar nur in den Monaten Mai und Juni die grüne Wasserfliege und die Wassergrille. Zwar benutze ich noch eine dritte, die sogenannte Camelot-Fliege, mit außerordentlichem Erfolge auf Aeschen; ich sah aber noch Niemanden sich derselben in der Weise bedienen, wenn ich meinen Lehrer, der vor vielen Jahren starb und einer der besten Angler war die ich jemals sah, davon ausnehme.

Man angelt mit ihnen, wenn das Wetter stille ist, vermittelst einer kurzen Leine, von der halben Länge der Ruthe; wenn aber so viel Wind ist, um dieselbe forttreiben zu können, nimmt man eine Leine von der Länge der ganzen Ruthe. Diese Art zu fischen nennt man Tauchen, bei dessen Ausübung man die Leine flußauf- oder abwärts frei fliegen läßt, wie gerade der Wind weht, und so nahe dem

Seiten 42/43: ***Fliegenfischen auf Forelle.***

*Stahlstich von J.W.*ARCHER *nach einem Gemälde von* BALMER.

G. Balmer pinx.

E. W. Archer sculpt.

Ufer, auf dem man steht, wie möglich fischt. Man leitet, wenn man einen Fisch springen sieht, die lebendige Fliege nach der Stelle, und wenn man, vorausgesetzt daß es sofort geschieht, sich wohl versteckt, entweder durch Knieen oder hinter einem Busche, so kann man ziemlich gewiß sein, den Fisch wieder heraufzulocken und ihn zu fangen. In tiefen, stillen Wassern sind die Fische immer auf und ab in Bewegung, um nach Beute zu suchen; in einem Strome wird man sie dagegen, namentlich wenn ein guter Stein in der Nähe ist, fast immer auf demselben Platze finden. In dem Falle muß Ihr Vorfach aus drei guten Haaren bestehen, da Sie die stärksten Fische erwarten können, und ferner, da Sie, nachdem Sie einen Anbiß haben, die Leine nicht auslassen können, so müssen Sie den Fisch stark anziehen. Ich will noch hinzufügen, daß, wenn Sie Ihre Leine das Wasser durchaus nicht berühern lassen, sie um so stärker sein wird. Jetzt sollte ich Ihnen eine Beschreibung der Fliegen geben, die man benutzt, ich will dieses jedoch bis später aufschieben.

Viat. Ernstlich, mein Herr, Ihr Gespräch über dieses Fischen ist sehr gründlich, und ich bin froh mich in Ihnen getäuscht zu haben, denn, offen gesprochen, ich erwartete nicht so viel von Ihnen.

Pisc. Ich kann Ihnen noch bedeutend mehr darüber sagen, und will Ihnen Nichts verbergen. Jetzt aber will ich von dem Fischen an der Oberfläche mit einer künstlichen Fliege sprechen. Bei diesem Angeln muß Ihre Leine vier bis acht Fuß länger sein, als Ihre Ruthe. Mit diesem Geräthe werden Sie wahrscheinlich, in Strömen an einem stillen Tage, und bei einer leichten kräuselnden Brise in stehendem Wasser (ausgenommen im Mai und Juni, in denen die Forellen in seichten Strömen stehen und nach Beute lauern, und selbst dann auch), die besten Fische fangen.

Die Länge Ihrer Ruthe muß sich immer nach der Breite des Flusses richten, in dem Sie fischen wollen; für einen Forellenfluß genügt eine Länge von fünfzehn bis achtzehn Fußen. Länger sollte die Ruthe nie sein, wenn Sie mit Gemächlichkeit fischen wollen. Wenn nicht, wo bliebe denn das Vergnügen.

Die besten, die ich gesehen habe, waren in Yorkshire gemacht, und bestanden aus verschiedenen Stücken, die hübsch zusammengearbeitet und unten mit Garn, oben mit Seide gebunden, sich wie eine Peitsche verjüngten und mit elastischem Schwunge in der Hand lagen. Sie waren sehr leicht, indem die unteren Stücke aus Tannenholz, die oberen aus anderem Holze verfertigt waren, so daß man selbst die längsten, die ich gesehen habe, bequem mit einer Hand führen konnte. Man konnte sie, nachdem die Angelzeit vorbei war, auseinander nehmen, um sie an einem trocknem Platze aufzubewahren, und sie nach Bequemlichkeit wieder zusammenzusetzen. Wenn man sie nach Ihres Meister Walton's Anweisung ölt und färbt, so halten sie sich viele Jahre.

Die Länge der Leine kömmt, ausgenommen wenn man an bewachsenen Plätzen fischt oder bei dem Landen des Fisches, nicht in Betrachtung. Jeder, der zum Vergnügen fischt, wird sich einen Diener halten können, der den Fisch landet. Die Länge der Leine gewährt einen großen Vortheil bei dem Fischen in einer gewissen Entfernung, und fein und weit vom Ufer ab zu angeln ist eine Hauptregel bei dem Forellenfischen.

In diesem Falle sollte das Vorfach aus zwei Haaren bestehen, denn wenn auch Einige glauben mit einem Haare fischen zu können, so halte ich dieses doch für zu wenig, da der geringste Zufall, selbst in der feinsten Hand, schon sein Reißen veranlassen kann. Derjenige aber, der eine Forelle von zwanzig Zoll Länge nicht mit zwei Haaren tödten kann, vorausgesetzt er fischt in einem von Holz und Bäumen freien Flusse, wie wir deren verschiedene haben, verdient nicht den Namen eines Anglers.

Wenn die Leine richtig sein soll, so sollten die ersten zwei Haarlängen, am nächsten dem Haken, aus zwei Pferdchaaren, die folgenden drei aus drei, die darauf folgenden drei aus vier Pferdehaaren bestehen, und so weiter aus fünf, sechs und sieben. Auf diese Weise werden Ruthe wie Leine von Ihrer Hand bis zum Hamen sich allmählich verjüngen, Ihre Leine wird besser und gerader fallen, Sie werden Ihre Fliege nach jedem bestimmtem Platze werfen können, wohin Ihr Auge und Ihre Hand sie richtet und zwar mit der wenigst möglichen Schwere und Heftigkeit, die sonst das Wasser unruhig machen und den Fisch verjagen würden.

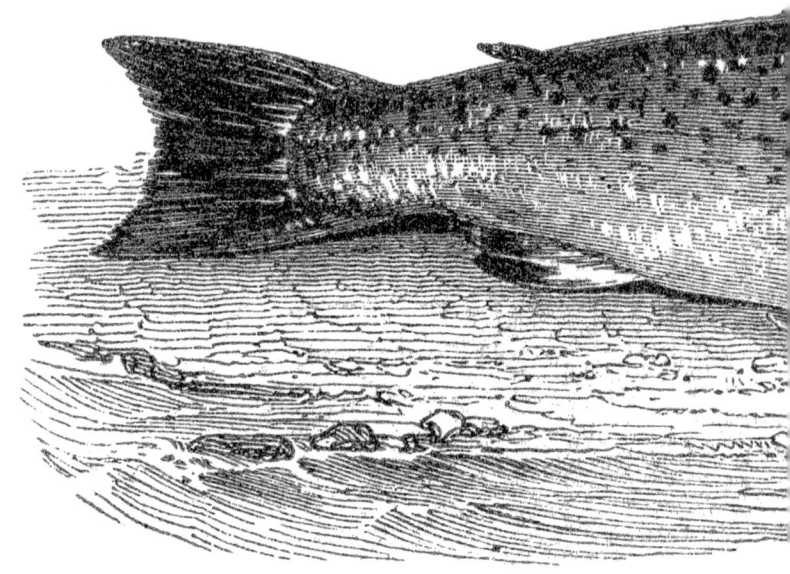

Wenn Sie Ihre Leine auswerfen, so thun Sie dieses immer gerade vor sich aus, damit die Fliege zuerst und so wenig wie möglich
von Ihrer Leine auf das Wasser falle; obgleich, wenn der Wind heftig
ist, Sie in die Nothwendigkeit versetzt sein werden, ein gutes Stück
der Leine zu versenken, um Ihre Fliege im Wasser halten zu können;
wenn Sie die Fliege nun auswerfen, so müssen Sie nach dem näheren
oder ferneren Ufer zielen, wie Ihnen der Wind gerade taugt, der, nach
den Windungen des Flusses, in einer Stunde Ihnen günstig und ungünstig sein und Sie nöthigen kann, wechselweise stromauf- und
stromabwärts zu fischen. Suchen Sie indessen so viel wie möglich
den Wind auf den Rücken zu haben. Halten Sie sich so weit, wie die
Länge Ihres Angelgeräthes es erlaubt, vom Ufer entfernt, wenn Sie
nach dem entgegengesetzten Ufer auswerfen; wenn aber der Wind
Ihnen nicht gestatten sollte dieses zu thun, und wenn Sie gezwungen
sind an derselben Seite, an der Sie stehen, zu angeln, dann stellen Sie

Die Forelle.
Holzschnitt von M. Jackson nach einem Bild von A. Cooper.

sich an den äußersten Rand des Ufers und werfen Ihren Köder soweit
wie irgend möglich stromauf- oder abwärts, je nachdem der Wind es
erlaubt.

Es ist nur noch übrig zu untersuchen, ob ein zweihaariges Vorfach, offen oder gedreht, besser sei. Ich halte die offnen für besser,
denn sie zeigen sich weniger im Wasser; ich habe jedoch einige Un-
bequemlichkeiten bei denselben gefunden, wodurch sie mir fast ver-
leidet sind. Eine derselben besteht darin, daß sie nicht so stark sind,
wie die gedrehten; eine Andere, daß es mit Schwierigkeiten verbun-
den ist, beide Haare von gleicher Länge herzustellen, damit beide
zusammen angespannt werden. Denn wenn dieses nicht geschieht,
so fischt man nur mit einem Haar. Endlich bleiben die offnen Vorfä-

cher leichter an den Gegenständen hängen, so wie auch der auf das
Wasser fallende und etwas zurückprallende Haken sich leicht zwischen ihnen festhaken kann, wodurch die Spitze des Hakens umgekehrt wird, Ihre Fliege rückwärts schwimmt, größere Kreise im Wasser verursacht, und bis man Alles wieder in Ordnung gebracht hat
(welches schwer in bewegtem Wasser zu erkennen ist), nur durch
einen ganz besonderen Zufall einen Fisch anlocken und ihn anbeißen
machen wird.

Nachdem ich das Fischen an der Oberfläche beschrieben habe,
ferner die Länge Ihrer Ruthen und Leinen, so werde ich dazu über-
gehen, Ihnen zu sagen, wie man künstliche Fliegen macht.

Wenn man eine Fliege machen will, welche keine Wanderfliege sein muß (denn diese und ihre Abarten hat man in einem jeden
Monate des Jahres), so müssen Sie Ihren Haken zwischen Vorfinger
und Daum der linken Hand, die Rückseite des Schenkels nach Oben
und die Spitze gegen das Ende Ihrer Finger gerichtet halten. Dann
nehmen Sie starke feine Seide, von der Farbe der nachzumachenden
Fliege, wachsen Sie dieselbe gut mit einem Wachse von derselben
Farbe (weshalb Sie immer Wachs von allen Farben bei sich führen
müssen); ziehen Sie dieselbe durch Ihre Finger, bis zum oberen Ende des Angelschenkels und winden sie dann zwei oder drei Male um
den Haken, damit er nicht so leicht entschlüpft und nicht die Haare
Ihrer stramm angezogenen Leine zerreiße, was sonst bisweilen geschieht. Nachdem dieses geschehen ist, nehmen Sie Ihre Leine
gleichfalls zwischen den Vorfinger und Daumen, indem Sie den Haken so fest halten, daß dieselbe nur eben vorbeikommen kann, bis
Sie den Knoten Ihres Vorfaches auf der Mitte der inneren Seite Ihres
Hakens haben. Dann winden Sie Ihre Seide zwei oder drei Male
um Haken und Vorfach, und zwar so fest, als die Stärke der Seide
es erlaubt. Darauf reißen Sie die Fahne der Feder nach dem Ver-
hältniß der Größe der Fliege, die Sie machen wollen, ab, legen die
Seite, die früher oben war, nach unten gerichtet auf den Rücken
des Hakens, indem nur so viel von der Feder, vom Ende des Schenkels aufwärts, reservirt wird, wie es für die Länge der Flügel pas-

send ist. Dann winden Sie Ihre Seide zwei oder drei Male um das Kielende der Feder, um den Haken und das Vorfach, und nachdem Sie dieses gethan haben, schneiden Sie die Feder hart an dem Vorfachende des Hakens ab; dann winden Sie die Seide fest um das Vorfach und den Haken, bis Sie die Krümmung desselben erreichen; aber nicht weiter, sonst macht man, wie dieses in London zu geschehen pflegt, eine unschöne und sehr unnatürliche Fliege. Darauf schneidet man das vorstehende Ende des Vorfaches ab und befestigt es; dann nehmen Sie von dem Stoffe, von dem Sie den Körper machen wollen, so viel als Ihnen passend däucht, und indem Sie ihn leicht mit dem Haken zwischen Vorfinger und Daumen der linken Hand halten, nehmen Sie die Seide in die Rechte und winden Sie sie, zwischen Vorfinger und Daumen hindurch, darum. Nachdem Sie dieses gethan haben, winden Sie die Seide um den Haken rückwärts, bis Sie an das Kielende der Flügelfedern kommen; theilen Sie dieselben in zwei gleiche Theile und wenden Sie dieselben rückwärts gegen die Krümmung des Hakens, die eine auf der einen, die andere auf der anderen Seite des Angelschenkels, indem Sie dieselben in dieser Stellung mit dem Vorfinger und Daumen der linken Hand halten und so lange umwinden, bis sie in dieser Stellung feststehen. Dann halten Sie Ihre Fliege zwischen Vorfinger und Daumen der linken Hand, nehmen Sie die Seide zwischen dieselben Finger der rechten Hand und drücken, wo die Umwindung endet, die Seide mit dem Daumennagel gegen den Finger; schneiden dann das überstehende Stück von dem Stoffe, aus dem Sie den Körper machten, ab, und winden die Seide ein oder zwei Mal herum. Richten Sie dann die Flügel, befestigen Sie die Seide und schneiden Sie dieselbe ab. Hernach ziehen Sie mit einer spitzen Nadel den Stoff, aus dem Sie den Körper machten, zwischen der umgesponnenen Seide hervor und schneiden die überflüssigen Haare desselben ab; machen Sie beide Flügel gleich lang, oder Ihre Fliege wird nie gut auf dem Wasser schwimmen, und dann ist das Werk vollendet. Diese Weise eine Fliege zu machen, und sicherlich die beste von allen, wurde mir von einem

Verwandten, dem Capitain Henry Jackson, der selbst ein ausgezeichneter Fliegenverfertiger und Angler war, mitgetheilt. Nachdem ich Ihnen nun gesagt habe, wie man Fliegen macht, will ich sogleich eine solche Ihnen vormachen, mit welcher Sie vielleicht heute eine Forelle fangen können, obgleich das Wetter nicht günstig ist; denn es ist bereits neun Uhr und die Fische werden bald, wenn überhaupt heute, aufspringen. Ich will an Ihre Seite gehen und zuschauen, und werde nach dem Mittagessen in meiner Vorlesung über Fliegenfischen fortfahren.

Viat. Ich bekenne, daß ich am Ufer sein möchte, wenn ich auch den ganzen Tag hier mit Vergnügen sitzen könnte und Ihnen zuzuhören. Aber von Beidem Etwas wird am besten sein, denn ich habe den sehr lebhaften Wunsch, in Ihrem Dove eine Forelle zu fangen.

Pisc. Ich bin Ihnen gut dafür, daß es Ihnen gelingen wird und sollte ich Sie einen ganzen Monat hier zurückhalten, um einen gu-ten Fang zu thun.

Viat. Das würde Ihnen kaum gelingen, obgleich ich, wenn es meine Geschäfte mir erlaubten, gerne immer bei Ihnen bliebe.

Pisc. Ich danke Ihnen für diese freundliche Aeußerung. Jetzt aber will ich meine Stoffe aufsuchen, um eine Fliege zu machen.

Landen einer Forelle.
Stahlstich von WILLMORE *nach dem Gemälde von* ABSOLON.

Sechstes Kapitel.

Zweiter Tag.

Pisc. Jetzt gieb mir meinen Fischkorb, Knabe, und dann, mein Herr, will ich Ihnen ohne weiteres Bedenken meinen Schatz entdecken.

Viat. Wer hat wohl jemals etwas Aehnliches gesehen? Welch eine Masse von Flitterwerk! Sicherlich hat kein Angler in Europa eine solche Menge von Angelgeräth wie Sie.

Pisc. Sie glauben vielleicht, daß ich dieses Flitterwerk, wie Sie es zu nennen belieben, nur zum Scheine gesammelt habe, oder damit Diejenigen, welche es sehen, und deren giebt es, wie ich Ihnen versichern kann, nur Wenige, mich deshalb für einen großen Meister in der Kunst des Angelns halten sollen? Ich muß Ihnen aber sagen, daß hier einige schwer zu bekommende Farben sind, deren Verlust, so unbedeutend er Ihnen auch erscheinen mag, ich doch sicherlich sehr hart fühlen würde. Aber sehen Sie hier, mein Herr, ich will von allen Farben nur zwei aussuchen; dieses sind Bärenhaare und dieses ist noch dunkleres Haar irgend eines Thieres. Mit diesen Beiden habe ich manchen Fisch gefangen, und auch Sie sollen mit dem Einem oder mit Beidem heute Forellen oder

Aeschen fangen, trotz aller ungünstigen Verhältnisse.

Viat. Ihr Versprechen beruhigt mich; auch habe ich allen Grund, Ihren Worten Glauben zu schenken. Ich möchte aber, daß die Fliegen schon fertig wären, damit wir anfangen könnten.

Pisc. Das wird uns nicht lange Zeit nehmen; bitte, merken Sie deshalb wohl auf. Sie sehen wie ich meine Angel halte und anfange. Hier sind meine ersten zwei oder drei Knoten auf der nackten Angel. So verbinde ich Angel und Leine. So befestige ich meine Flügel; so mache ich den Körper; so umwinde ich ihn gegen den Kopf; so theile ich die Flügel; so schneide ich das überflüssige Zeug des Körpers ab; so befestige ich es und so richte und vollende ich meine Fliege. Wie gefällt sie Ihnen?

Viat. Wahrhaftig ausgezeichnet, und sieht auch wie eine Fliege aus. Wir machen indessen in der Gegend von London die Fliegen größer und von stärkerem Körper, fast so groß wie der Schenkel der Angel.

Pisc. Ich weiß dieses sehr wohl und habe auch eine dieser Fliegen von einem Herrn, der mit meinem Vater Walton hierherkam, zum Geschenk erhalten; welche ich indessen (um Ihnen die Wahrheit zu sagen) in meinem Zimmer aufhing, um über dieselbe zu lachen. Sie kennen gewiß das Sprichwort: „Man muß mit den Wölfen heulen"; glauben Sie mir deshalb, daß Sie Ihre Fliegen so machen müssen, wie ich es Ihnen gezeigt habe, sonst werden Sie Nichts fangen. Jetzt will ich Ihnen eine Leine aussuchen und dann sollen Sie den Anfang machen. Jetzt, mein Herr, sind Sie ausgerüstet; fangen Sie am Ende jenes Ganges an, wo der Wind das Wasser ein wenig kräuselt.

Viat. Sahen Sie dieses?

Pisc. Ja, ich sah den Fisch, und er sah Sie gleichfalls, deshalb entkam er Ihnen. Sie müssen weiter auswerfen, wenn Sie einen guten Fang machen wollen. – Das war, glauben Sie mir, eine gute Forelle. Biß sie an?

Viat. Ich wollte Sie hätte es gethan, dann würden wir uns nicht so getrennt haben. Sehen Sie, hier ist eine Andere. Dieses ist

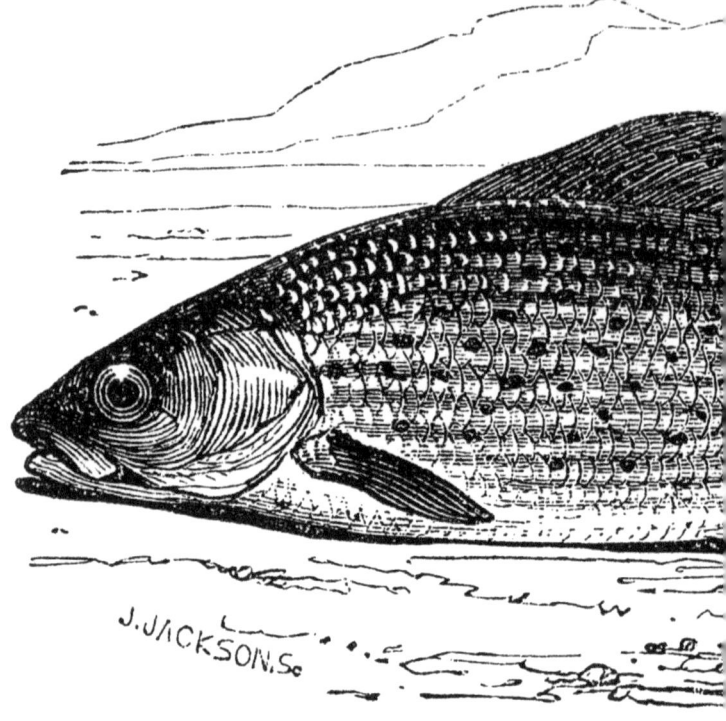

wirklich eine ausgezeichnete Fliege.

Pisc. Sie würden mit derselben Fische fangen, wenn der Tag günstiger wäre. Die Fische kauen nur daran und wollen sie nicht nehmen. Lassen Sie uns zum Fischhause zurückgehen; dieses stille Wasser ist uns heute zu ungünstig. Sie sollen sich jetzt, wenn Sie es mögen, selbst eine Fliege machen und sehen, was Sie mit derselben in diesen Flüssen ausrichten können; zumal da ich weiß, daß Sie mehr Freude daran haben werden, eine Forelle mit Ihrer, als zwanzig mit meiner Fliege zu fangen. Hier haben Sie alle Geräthschaften, auch will ich Ihnen Zeug für den Körper aussuchen.

Viat. Dieses ist eine sehr kleine Angel.

Pisc. Daraus können Sie erkennen, daß sie für eine kleine Fliege bestimmt ist; deshalb müssen Sie die Flügel verhältnismäßig kleiner machen. Denn wie die Sachen einmal stehen, können Sie nur eine sehr kleine Fliege gebrauchen. Gut gemacht; Sie arbeiten recht geschickt mit den Fingern. Ich fange an zu glauben, daß ich versucht habe meinem Meister Unterricht zu geben. Hier ist Stoff für den Körper.

Die Äsche.
Holzschnitt von J. J<small>ACKSON</small> nach einem Bild von W. S<small>MITH</small>.

Viat. Dieses Zeug ist sehr dunkel.

Pisc. Es erscheint hier so; gehen Sie aber vor die Thüre und halten sie es gegen die Sonne, so werden Sie finden, daß es ein brillantes Roth ist. Dieses ist der einzige Weg um die wahre Farbe eines solchen Zeuges richtig zu erkennen. Deshalb thun Sie auch gut, einen hellen Tag zu wählen, wenn Sie Fliegen machen wollen, zumal da man an solchen doch nur wenig fangen wird. Machen Sie den Körper Ihrer Fliege so zart wie möglich. Sehr gut! Sie haben wirklich eine wunderbar gute Fliege gemacht.

Viat. Ich bin froh dieses zu hören, da es die erste dieser Art ist, die ich je gemacht habe.

Pisc. Ah! ich sehe, Sie sind ein Meister im Fliegenmachen. Ich will Sie indessen nicht mehr loben, sonst möchten Sie zu stolz werden. Jetzt gehen Sie zwischen die Felsen dort, nach jener kleinen Brücke, die Sie sehen, und versuchen Sie Ihr Glück. Nehmen

Sie sich in Acht, daß Sie nicht abgleiten und in das Wasser fallen. Jetzt werfen Sie aus.

Viat. Dieses ist wirklich ein vortreffliches Wasser. – Hier ist eine! Ich habe sie.

Pisc. Und es ist ein werthvoller Fang. Ziehen Sie an. Ich sehe, Sie haben eine leichte Hand. Es ist nur ein kleiner Kerl; werfen Sie ihn wieder in das Wasser und lassen Sie ihn wachsen, bis er eines Kampfes werth ist.

Viat. Verzeihen Sie, mein Herr, ich fange Alles was anbeißt. – Eine Andere!

Pisc. Von derselben Größe.

Viat. Die gute Jagd fängt an. – Eine Andere! Hier kann man ja so viele Fische haben, wie man will.

Pisc. Gehen Sie jetzt über die Brücke und auf der anderen Seite etwas stromabwärts, dort werden Sie besseres Wasser und eine bessere Jagd haben. Sehen Sie, hier ist eine gute Gelegenheit. Sie haben genug Weite; entfernen Sie sich ein wenig weiter vom Wasser und fischen Sie hier nach den Regeln der Kunst, dann werden Sie wahrscheinlich einen guten Fisch fangen. Sehen Sie? Wie, ist er Ihnen entkommen?

Viat. Ich berührte ihn nur. Es war sonst ein guter Fisch, der des Fangens werth war.

Pisc. Sie verloren den Fisch durch Ihre eigene Schuld, indem Sie zu eifrig und schnell waren. Denn Sie werden nie einen guten Fisch anhauen, wenn er sich nicht selbst fängt, als bis Sie sehen daß er den Kopf wendet, nachdem er die Fliege genommen hat; auch können Sie nie Ihre Schnur verwickeln, wenn Sie dann erst anhauen, vorausgesetzt Sie thun dieses nicht zu heftig. Werfen Sie noch einmal aus und durchfischen Sie diesen Strom Zoll bei Zoll, denn ich versichere Ihnen, hier giebt es gute Fische, sowohl Forellen wie Aeschen. Ich will zehn gegen eins wetten, daß Sie bei dem großen Steine auf der anderen Seite eine gute Forelle finden.

Viat. Ich habe schon einen Fisch. Er ist zu Grunde gegangen, ich kann deshalb nicht sehen, was für ein Fisch es ist. Dem Gewichte nach muß es indessen ein guter Fisch sein; er arbeitet aber nur wenig.

Pisc. Dann möchte ich behaupten, daß es eine Aesche sei. Sie ist sehr feige, und um so leichter gefangen, je größer sie ist. Jetzt können Sie dieselbe deutlich sehen. Bring' den Ketscher, Knabe! Und jetzt, mein Herr, gehört sie Ihnen. Sie ist sechszehn Zolle lang; ich habe in diesem Jahre noch keine so große gefangen.

Viat. Ich sah noch nie solche schwarze Aesche.

Pisc. Dann muß ich Ihnen sagen, daß Sie nie eine in der besten Körperbeschaffenheit sahen; denn zu der Zeit sind Aeschen am Kopfe, an den Kiemen und längs des Rückens sehr schwarz, am Bauche aber grau mit schwarzen Punkten, wie diese hier. Dieser Fisch hat schon etwas abgenommen, gegen Weihnachten war er besser. Aber fahren Sie fort, es geht schon gegen Mittag, und etwas weiter unten, bei jenem Felsen, ist ein vortrefflicher Platz zum fischen, an dem man die besten Fische vermuthen kann.

Viat. Sie mögen nur kommen und ich will schon mit ihnen fertig werden. Ich glaubte, die Aeschen wären zu derselben Zeit wie die Forellen in Saison.

Pisc. Durchaus nicht. Die Aesche ist ein Winterfisch. Ihr Fleisch ist selbst in der ungünstigsten Jahreszeit so fest und blätterig, daß sie immer eßbar ist; aber während ihrer besten Beschaffenheit (welche nur eine übergroße Aesche erreicht) ist sie fast so vortrefflich wie die beste Forelle die ich jemals aß.

Viat. Hier ist ein anderer Naseweis und fünf oder sechs derselben Art haben angebissen, während Sie sprachen. Wahrhaftig, der Dove ist der feinste und fischreichste Fluß, den ich je sah. Ich liebe ihn so, daß ich fürchte ich werde Ihnen, mein Herr, jährlich einmal so lange ich lebe zur Last fallen.

Pisc. Ich fürchte, Sie werden nicht Wort halten; wenn Sie aber einmal im Mai oder Juni hier wären, so hoffe ich, wenn anders eine gute Jagd Sie in Versuchung führen kann, daß ich das Vergnügen haben würde, Sie oft zu sehen; denn dann würden Sie den Dove mit Recht einen feinen Fluß nennen können.

Viat. Das will ich mit Ihrer Erlaubniß, wenn Gott mir Leben und Gesundheit
giebt. Hier ist wieder Eine; dort noch eine
Zweite.

Pisc. Und zwar in einem fremden
Flusse, mit einer selbstverfertigten Fliege!
Sie sind wahrhaftig ein gefährlicher Mann.

Viat. Aber Sie machten mich dazu.
Was haben wir hier? Einen Felsen, der
sich mitten im Flusse erhebt? Dieses ist
der sonderbarste Anblick, den ich je hatte.

Pisc. Man nennt diesen Platz, nach
jener Felsspitze, das Spitzen-Loch. Der
junge Herr Isaac Walton freute sich so daran, daß er eine Skizze dieses Platzes
machte, die ich Ihnen zeigen will, wenn
wir nach Hause kommen.

Viat. Ist der junge Herr Isaac Walton
auch hier gewesen?

Pisc. Sicher, mein Herr, und zwar
verschiedene Male. Ferner in Frankreich,
Rom, Venedig und sonst an vielen Orten.
Sobald ich ihn sehe, was hoffentlich im
nächsten Monate der Fall sein wird, werde
ich ihm eine Menge von Fragen stellen. In
der Zwischenzeit aber, mein Herr, um dort
jenen Punkt zu erreichen, müssen Sie über
diese schlüpfrigen Steine gehen. Sie sind
sehr gewandt, sonst wären Sie sicherlich
gefallen. Jetzt aber sind Sie glücklich hinüber. Passen Sie auf, denn wenn hier ein
Fisch anbeißt, wird es wahrscheinlich ein
solcher sein, der Ihr Angelgeräth in Gefahr bringt. Wie nun?

Am Pike Pool.
Holzschnitt von M. Jackson nach einem Bild von Gompertz.

Viat. Ich glaube wahrhaftig Sie können die Fische hier auf Ihren Befehl zum Anbeißen bringen, denn hier hat eine Forelle meine Fliege abgebissen. Ich hätte lieber eine Krone verloren. Wie Schade, es war ein prächtiger Fisch; er richtete sich auf der Seite auf wie ein Lachs.

Pisc. Bei Kämpfen dieser Art werden Sie bisweilen verlieren, bisweilen gewinnen. Lassen Sie sich den Verlust einer Fliege nie kümmern, denn ich werde Ihnen zeigen, wie man eine noch bessere macht. Wer ruft da?

Diener. Das Essen ist fertig; wenn es Ihnen gefällig ist, mein Herr.

Pisc. Wir kommen sogleich. – Jetzt, mein Herr, haben Sie die Wahl, ob Sie diesen steilen Hügel übersteigen wollen, von dessen Spitze Sie gerade auf das Haus zugehen, oder ob Sie den schlüpfrigen Rückweg über die Steine machen wollen.

Viat. Der nächste Weg ist immer der beste, wenigstens sagt mein Magen so, und ich bin jetzt schon so bekannt mit den Felsen, daß ich dieselben nicht mehr fürchte.

Pisc. Dann folgen Sie mir, und dann wollen wir gleich nach dem Essen wieder nach der Fischhütte zurückkehren, wo ich in meinem Unterrichte in Bezug auf Fliegenfischen fortfahren will, denn ich habe noch sehr Vieles darüber zu sagen.

Viat. Je mehr, desto besser; ich könnte, mit Ausnahme meines ersten, nie einen gefälligeren Lehrer getroffen haben; auch gewähren die Flüsse um London bei Weitem nicht so viel Angelfreude, wie dieser herrliche Fluß hier.

Pisc. Sie verdienen einen noch besseren zu finden, da Sie keine Mühe scheuen und dieses kleine Flüßchen schon so gerne haben, und ich hoffe Ihnen noch bessere zu zeigen, ehe wir scheiden.

Siebentes Kapitel.

Zweiter Tag.

Viat. Jetzt erfüllen Sie, nachdem wir gut zu Mittag gegessen haben und wiederum in der Fischhütte sitzen, Ihr Versprechen und fahren Sie in Ihren Belehrungen über das Fliegenfischen fort. Damit Sie dieses um so bereitwilliger thun werden, will ich Ihnen versichern, daß ich keine Sylbe Ihres früheren Unterrichts vergessen habe, sondern mich dessen vollkommen erinnere.

Pisc. Ich bin dazu bereit. Wir werden den ganzen Nachmittag darauf verwenden können, vorausgesetzt, daß Niemand uns unterbrechen wird. Ich muß vorherschicken, daß, außer der Untauglichkeit des heutigen Tages, die Nachmittage so früh im März nicht zum Fliegenfischen geeignet sind, obgleich man mit einer Elritze oder einem Wurme wohl etwas fangen könnte.

Mein Vater Walton sagt uns, daß es nur zwölf künstliche Fliegen gebe, um mit denselben an der Oberfläche zu fischen, und führt sie namentlich an. Einige derselben sind hier sehr häufig zu finden, und die meisten derselben kann ich nach der Beschreibung errathen, da sie an unsern Flüssen vorkommen, wenn wir dieselben auch nicht auf dieselbe Weise künstlich nachmachen. Für die Flüsse um London, die er am meisten besucht hat, mögen sie gewiß auch gut taugen, während wir mit verschiedenen anderen Fliegen bekannt sind, von denen Einige vielleicht nur hier einen anderen Namen führen. Obgleich der genannte große Meister im Fischen, denn das ist er ohne Zweifel, Ihnen sagte, daß Niemand eine Forelle vor der Mitte des Märzes fangen sollte, so hoffe ich doch, daß er erlauben wird, vor dieser Zeit Aeschen zu fangen, von denen ich Ihnen sagte, daß sie in den Wintermonaten am besten seien. Ich versichere Ihnen, daß ich früher einmal am sechsten December eine, und zwar nur eine einzige Aesche fing, welche die größte und beste war, die ich je sah und schmeckte. Ich fange auch schon fast jährlich im Februar an Forellen mit der Fliege zu fischen, wenn es nicht gerade ein schlechter Frühling ist; ja bisweilen habe ich schon im Januar, um die Neujahrsfluth, Aeschen zwischen Schnee und Eis an sonnigen Tagen gefangen. Um diese Zeit fischt man dieselben am besten mit Maden.

Deshalb will ich meinen Unterricht im Fliegenfischen mit Januar beginnen, obgleich nur Wenige und nur Solche, die jede Gelegenheit zum Fischen ergreifen, so früh anfangen, da man nur selten in diesem Monate einen günstigen Tag finden wird. Nichtsdestoweniger habe ich durch Erfahrung gefunden, daß bei warmem Sonnenscheine während einiger Stunden des Tages sicher angebissen wird.

Januar.

1. Die **rothbraune Fliege**. Flügel, aus den fast weißen Federn des wilden Enterichs; Körper, aus Schwanzhaaren des gewöhnlichen schwarzen Hundes, die sonst zu Muffen benutzt werden. Das Haar dieser Hunde kann gefärbt werden und wird rothbraun, während das Haar der feinhaarigen Hunde derselben Farbe nicht gefärbt werden kann. Diese Fliege bei warmem Sonnenschein während des ganzen Monates.

2. Es giebt auch eine **kleine hellschwarzbraune Mücke**, so klein gemacht wie möglich. Man fischt mit derselben an einem

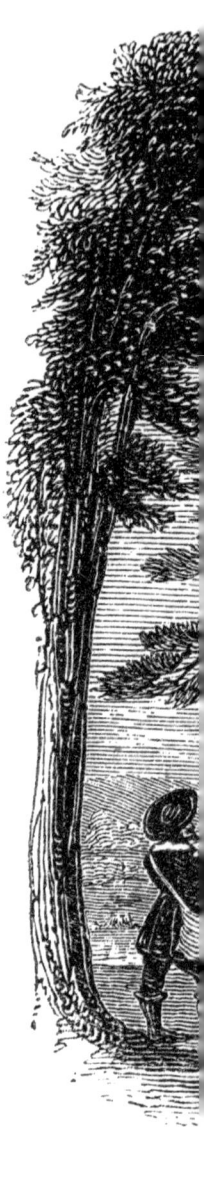

Cottons Fischerhaus.
Holzschnitt von LINTON *nach einem Bild von* GOMPERTZ.

Vorfache von einem einzigen Haare. Der Körper wird aus gemischten Marderhaaren und den weißen Blümchen der Hasen gemacht; Flügel sehr weiß und klein. In diesem Monate beißen nur Aeschen an, und ich habe nie eine größere, als eine von einem Fuß Länge in dieser Zeit anbeißen sehen. Kleine, von der Größe eines Smeltes, kann man an einem warmen Tage bei hellem Sonnenscheine mit diesen beiden Fliegen während des ganzen Monates fangen.

Februar.

1. Wo die rothbraune Fliege des vorigen Monates endet, beginnt eine andere Fliege, fast von derselben Farbe, nur mit dem Unterschiede, daß der Körper von dunklerer Farbe und mit rother Seide umwunden werden muß. Der Körper dieser Fliege wird aus den Borsten in den dunklen Flecken am Ohre eines Schweines gemacht. Flügel wie in Nr. 1, Januar.

2. Die *einfache Wanderfliege*. Schwarzer, rauher Körper, von den Haaren des schwarzen Spaniols oder den Fasern der Straußenfedern und rothe Kapaunenfedern. Bei hellem Wetter sehr verlockend.

3. Die *kleinere Fliege*. Körper schwarz, mit Silberfäden und rother Feder; für mildes Wetter. Bei Frost die kleinsten braunen und schwarzbraunen Mücken, die man nur machen kann. Gut nur für sehr kleine Aeschen.

4. In wirbelndem Wasser eine *große Fliege*. Körper schwarz, mit rothen Kapaunenfedern gebunden, indem man die ganze Länge der Feder auf dem Rücken stehen läßt.

5. Dito, Körper schwarz, mit Golddraht gebunden; rothe Feder.

6. Dito, von schwarzbraunen Bärenhaaren; Flügel, graue Federn, von den Federn nahe am Schwanze des wilden Enterichs. Beste Fliege für diesen Monat.

7. *Große schwarzbraun-blaue Fliege*. Körper, Bärenhaare

nahe der Wurzel, gemischt mit blauem Camelot; Flügel, dunkelgraue Federn des wilden Enterichs.

8. Dito, *dunkelbraune Fliege*. Körper, braunes Haar, von den Seiten einer Kuh; Flügel, graue Enterichsfedern.

Diese verschiedenen Fliegen gebraucht man, je nach dem Wasser oder der Helle der Luft, und verändert sie demgemäß in Bezug auf Größe und Farbe. Wenn man nicht gewiß ist, welche Fliege man nehmen soll, dann nimmt man eine kleine Fliege bei klarem, eine größere bei getrübtem Wasser. Nachdem man einen Fisch gefangen, öffnet man den Bauch desselben und sieht dann, welche natürliche Fliegen derselbe genommen, und richtet danach seine künstlichen Fliegen ein.

März.

In diesem Monate benutzt man dieselben Fliegen des Februars, nur müssen sie etwas kleiner sein.

1. Außerdem giebt es eine kleine schwarzbraune Fliege, die sogenannte *schwarzbraune Wirbelfliege* (obgleich es eigentlich nicht die Wirbelfliege, eine der besten die es giebt, ist); Körper, das Grundfell des Eichhörnchenschwanzes; Flügel, graue Enterichsfedern.

2. Dito, *hellbraune*. Körper, braune Haare des Spaniols oder Haare von der Seite einer rothen Kuh; Flügel grau.

3. Dito, *weißbraune*. Körper, Wurzel der Kameelhaare; Flügel, graue Federn des wilden Enterichs.

4. *Dornbuschfliege*. Körper sehr klein, tiefes schwarz, mit acht oder zehn isabellfarbenen Fasern von Haartuch; Flügel, helle Federn des wilden Enterichs. Vortreffliche Fliege.

5. Dito, *schwarzbraun-bläulichte*. Wenn man mit einem engen Kamme den Nacken eines schwarzen Windspieles kämmt, so sind die Haare, die im Kamme stecken bleiben, vom schönsten Blau; diese benutzt man zum Körper. Die Flügel können nicht zu weiß sein. Man benutzt diese Fliege vom zehnten bis zum vierund-

zwanzigsten März.

6. Eben so gebraucht man vom zehnten März bis Ende des Monats die kleine
schwarze Mücke. Körper, von dem Pelze
eines schwarzen Wasserhundes oder Daunen eines jungen schwarzen Wasserhuhnes;
Flügel, die weißesten Federn des wilden
Enterichs. Körper so klein wie möglich;
Flügel mit dem Körper von gleicher Länge.

7. Vom sechszehnten März bis zehnten April benutzt man die *hellbraune Fliege*. Stoff zum Körper kann man aus den
Kalkgruben der Kürschner haben, nämlich
Haare von einem frühgebornen Kalbe, die
im Kalke so hell wie Gold werden; Flügel,
Federn einer braunen Henne.

April.

Dieselben Fliegen wie im vorigen Monate; nur müssen alle braunen Fliegen mit
rother, die schwarzbraunen aber mit gelber
Seide gebunden sein. Ueberdies kommen
noch folgende Fliegen hinzu.

1. Die *hellbraune* von Spaniolfell, mit
hellgrauen Flügeln; an hellen Tagen und bei
klarem Wasser.

2. Die *kleine dunkelbraune*. Körper
dunkelbraun, mit violettem Camelot gemischt;

Im Dovetal nahe dem Manifold River.
Holzschnitt von M. Jackson nach einem Bild
von Gompertz.

die Flügel von den grauen Federn eines wilden Enterichs.

3. Vom sechsten April gebraucht man die sogenannte *Veilchenfliege*, von dunkelviolettem Zeuge gemacht; Flügel, die grauen Federn des wilden Enterichs.

4. Gegen den zwölften April beginnt die **Wirbelbremse**. Täglich gegen Mittag, während des ganzen Monates, fängt man mit derselben, und hin und wieder bis Ende Juni. Sie wird aus den feinen Haaren junger Füchse gemacht, die nahe an der Wurzel aschfarben sind, und wird mit gelber Seide gerippt; Flügel, hellgraue Federn eines wilden Enterichs.

5. Die **gelbe Bremse**. Körper, von Kameelhaar und gelbem Camelot oder Wolle, gemischt; Flügel weißgrau.

6. Die **kleine Braune**, außer der schon früher erwähnten. Körper, sehr schlank, von dunkelbraunem und violettem Camelot gemischt; Flügel grau. Obgleich sie der früheren sehr ähnlich ist, so ist es doch eine verschiedene Fliege, mit der man fangen kann, während die andere nichts mehr fängt; besonders an hellen Tagen, bei klarem Wetter.

7. Gegen den zwanzigsten beginnt die **Pferdefleischfliege**. Körper, blaues Haartuch, mit rosafarbenem und rothem Etamin gemischt; Flügel hellfarbig; Kopf dunkelbraun. Während des Monates zwei Stunden vor Sonnenuntergang bis gegen das Zwielicht zu benutzen.

Mai.

Jetzt, mein Herr, da wir zum Monate Mai kommen, bitte ich nicht allein um Ihre volle Aufmerksamkeit, sondern auch um die größtmöglichste Geduld, denn ich werde bei diesem Monate etwas länger verweilen müssen, als bei den anderen, da er dem Fliegenfischer mehr Vergnügen gewährt, als der übrige Theil des Jahres. Hier will ich Ihnen auch die genaue, schon lange versprochene Beschreibung der grünen Wasserfliege *(Ephemera vulgata)*, der Steinfliege und mancher anderen geben, welche diesem Monate eigenthümlich sind. Bereiten Sie sich deshalb auf eine lange Vorlesung vor. Ich will mit den weniger renommirten Fliegen anfangen, damit ich bei den wichtigeren mich desto länger aufhalten kann. Von diesen wäre zuerst zu betrachten

1. Die *Truthahnfliege*. Körper, Fasern eines blauen Zeuges, mit gelber Seide gebunden; Flügel, graue Enterichsfedern.

2. Die *große Hahnenfeder-* oder *Wanderfliege*. Körper gelb, mit Golddraht gebunden; Flügel groß, von gelbgefärbten Enterichsfedern, mit den Fasern einer rothen Kapaunenfeder umwunden.

3. Die *schwarze Fliege*. Körper, schwarzes Spaniolfell; Flügel, graue Enterichsfedern.

4. Die *Hellbraune*. Körper schlank, mit rother, dünner Seide umwunden und mit einer Nadel aufgerichtet, damit die Rippen der rothen Seide zum Vorschein kommen; Flügel, graue Enterichsfedern.

5. *Kleine Schwarzbraune*. Körper, Bärenfell, mit gelber Seide umwunden; Flügel, graue Enterichsfedern.

6. Die *weiße Mücke*. Blasse Flügel, schwarzer Kopf.

7. Die *Pfaufliege*. Körper, Fasern der Pfauenfedern mit rothem Kopfe; Flügel, Enterichsfedern.

8. Die *Schwarzbraune* (Dun-cut). Körper, schwarzbraunes Bärenfell, gemischt mit blau und gelb; Flügel groß und schwarzbraun; zwei Hörner am Kopfe, von den Haaren eines Eichhörnchenschwanzes gemacht.

9. Die *Cow-Lady*, eine kleine Fliege; Körper, Pfauenfedern; Flügel, rothe Federn.

10. Die *Kuhdüngerfliege*. Körper hellbraun und gelb gemischt; Flügel, dunkelgraue Enterichsfedern.

Jetzt komme ich zu der *Steinfliege* und zu der *grünen Wasserfliege*, welche für Forellen und Aeschen die Matadore sind.

Erst muß ich Ihnen sagen, daß wir vier verschiedene Fliegen haben, die unter dem Namen Maifliege gehen:

Die *grüne Wasserfliege*. Die *Steinfliege*.
Die *schwarze Fliege*. Die *kleine gelbe Maifliege*.

Alle diese haben ihre Vertheidiger gefunden, obgleich ich den beiden Ersten den Vorzug gebe.

11. Die *grüne Wasserfliege* beginnt ungefähr am zwanzigsten Mai; manchmal früher, manchmal später, je nach dem Jahre. Die *Steinfliege* kömmt früher, schon um die Mitte des April, ist aber am besten um die Mitte des Mai, und hält länger aus, als die grüne Wasserfliege.

Diese Fliegen sind sicher in den Flüssen erzeugt, an denen man sie findet. Die grüne Wasserfliege kömmt erst aus ihrer Umhüllung, wenn sie vollkommen ausgebildet ist. Zuerst sind ihre Flügel noch zusammengepreßt und unbrauchbar. Sie kann nicht wie die Steinfliege auf dem Wasser kriechen, da ihre Beine unbrauchbar sind. Die Flügel stehen aufrecht; wie beim Schmetterlinge. Ihr Körper ist gelb, heller oder dunkler, mit grün gerippt, lang, schlank und am Schwanze gespitzt, der drei dunkele, lange, schmale Fasern hat. Der Schwanz windet sich wie eine Enterichsfeder in die Höhe. Man ködert sie folgendermaßen:

Man nimmt erst eine derselben (gewöhnlich fischt man mit zweien zu gleicher Zeit) und steckt die Angel durch den dicksten Theil des Körpers, unter dem Flügel. Dann nimmt man die Andere und steckt sie eben so auf, nur mit dem Kopfe nach der entgegengesetzten Richtung. So werden sie eine Viertelstunde leben und mit den Flügeln spielen. Man muß sehen, daß die Flügel trocken bleiben, auch daß die Finger nicht naß sind, wenn man sie aufködert, denn dann verdirbt man sie.

Jetzt will ich Ihnen sagen, wie man diese Fliege künstlich nachmacht und zwar so täuschend, daß man gewiß sicher die besten Forellen und Aeschen mit ihnen fangen kann.

Landen einer Äsche.
Stahlstich von WILLMORE nach einem Bild von ABSOLON.

Die *grüne Wasserfliege* wird auf einer großen Angel ge-macht. Körper, Kameelhaare, helle Haare des Bärenfelles, weiche Schweinsborsten und gelber Camelot, gut durch einander ge-mischt; Körper lang, mit grüner Seide oder eigentlich mit gelber, mit grünem Wachse gestrichener Seide gerippt; die Schwanzfe-dern Zobel- oder Iltishaare; Flügel, weißgraue, gelbgefärbte Ente-richsfedern. Man färbt diese folgendermaßen:

Nimm die Wurzeln des Berberitzenbaumes, schabe sie mit einem Stücke Alaun von der Größe einer Wallnuß, und koche die Federn mit Regenwasser und mit obigen Ingredienzien.

12. Die *graue Wasserfliege*, welche der grünen durchaus, nur mit Ausnahme der Farbe, gleicht. Sie ist blasser und aschfar-ben, gelb und grün gerippt mit Schwarz. Flügel, glänzend schwarz und so dünne wie Spinnweben. Künstlich nachgemacht, tödten sie viele Fische. Der Körper von dünnen Schweinsborsten und schwarzen Spaniolhaaren gemischt, mit schwarzer Seide gebun-den. Die Fasern, Barthaare einer schwarzen Katze; Flügel, schwarzgraue Enterichsfeder.

Jetzt komme ich zu der *Steinfliege*. Wenn ich Ihre Geduld aber ermüdet haben sollte, so bitte ich Sie, es mir offen zu sagen, damit ich meine ferneren Unterweisungen bis zu einer gelegeneren Zeit aussetzen kann.

Viat. Ich kann durch Ihren Vortrag nie ermüdet werden. Soll-ten Sie aber ermüdet sein, dann bitte ich Sie, sich erst durch einen Trunk und eine Pfeife Taback zu erfrischen und dann erst wieder fortzufahren.

Pisc. Ich danke Ihnen für diesen glücklichen Gedanken, denn mein Hals ist vom Sprechen ganz trocken geworden. Junge, gieb mir die Flasche und das Glas! Ich trinke auf Ihre und auf unsrer südlichen Freunde Gesundheit.

Viat. Ich stimme diesem Trinkspruch von ganzem Herzen bei; zumal da das gestoßene Ochsenfleisch heute Mittag, oder ir-gend etwas Anderes, mich sehr durstig gemacht hat.

Achtes Kapitel.

Zweiter Tag.

Viat. So, mein Herr, ich bin schon wieder bereit eine neue Vorlesung zu hören.

Pisc. Und ich bin eben so bereit, sie Ihnen zu geben.

13. Die *Steinfliege* bleibt nicht in ihrer Umhüllung, bis ihre Flügel ganz ausgewachsen sind, sondern kriecht sobald wie möglich hervor und verbirgt sich in Löchern und unter Steinen, bis ihre Flügel ganz ausgewachsen sind. An solchen Plätzen kann man sie nur finden. Ihr Körper ist lang und gleichmäßig dick. Ihre Farbe ist schön braun, mit gelb gerippt, und zwar gelber am Bauche, als auf dem Rücken. Sie hat drei Fasern auf der Spitze des Schwanzes und zwei kleine Hörner am Kopfe. Ihre Flügel sind doppelt, liegen flach am Rücken und sind von derselben Farbe des Körpers, nur dunkler und länger. Man sieht sie selten fliegen, aber häufig auf dem Wasser laufen, ohne die Flügel zu bewegen.

Man taucht mit der Steinfliege in Strömen früh und spät, so lange man seine Fliege sehen kann.

Nach der Zeit wird eine künstliche Fliege, welche folgendermaßen gemacht wird, gut tödten:

Körper, schwarzbraunes Bärenfell, mit etwas braunem und gelbem Camelot gut vermischt, doch so, daß der Bauch gegen den Schwanz gelber ist. An die Spitze der Angel befestigt man zwei oder drei Barthaare einer schwarzen Katze. Die Fliege muß mit gelber Seide gerippt sein. Flügel, lang und groß, von grauen Enterichsfedern.

14. Die *schwarze Fliege* ist die nächste Maifliege. Körper schwarz, von Straußfederfasern, mit Silberdraht umbunden, und

Der große Weißdornbaum am Dove.
Holzschnitt von M. JACKSON nach einem Bild von GOMPERTZ.

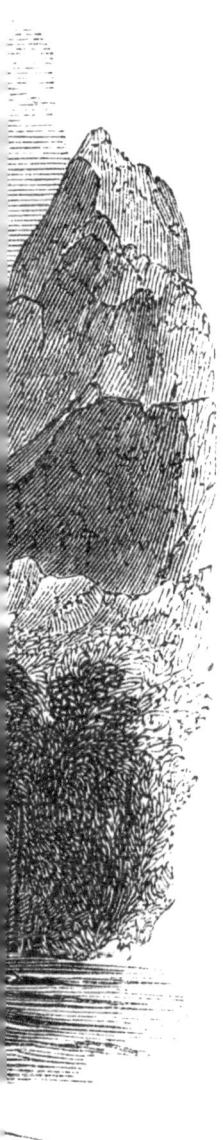

schwarze Hahnenfederfasern überall.

15. Die **gelbe Maifliege** ist die letzte von den Vieren. An Form gleicht sie der grünen Wasserfliege, ist aber kleiner und vom hellstem gelben Camelot gemacht. Flügel, weißgraue, gelbgefärbte Federn.

16. Die letzte Fliege für diesen Monat und bis Mitte Juni ist die **Camelotfliege**. Sie hat die Form einer Motte und fein geblümte oder Wasserflügel. Ich habe mit ihr oft getaucht, und Aeschen nehmen sie gierig. Die künstliche Nachahmung dieser Fliege ist von dunkelbraunem, scheinenden Camelot gemacht, mit sehr dünner, hellgrüner Seide gebunden; Flügel, graue doppelte Enterichsfedern. Man benutzt sie auf kleinere Fische.

Juni.

Vom ersten bis vierundzwanzigsten bedient man sich noch, wie ich Ihnen schon sagte, der grünen Wasser- und der Steinfliege.

1.Vom ersten bis zum vierundzwanzigsten, spät bei Nacht, nimmt man die **Eulenfliege**. Körper, weißer Wieselschwanz; Flügel weißgrau.

2. Die **Hefenfliege**. Körper, Fell einer gelbbraunen Katze; Flügel, graue Enterichsflügelfedern.

3. Eine **Fliege mit purpurfarbenem Körper**, der mit rothen Kapaunenfedern gebunden ist.

4. Die **Golddrahtfliege**. Körper purpurfarben, mit rothen Ka-

paunenfedern gebunden.

5. Die *Fleischfliege*. Körper, schwarzes Spaniolfell, mit blauer Wolle gemischt; Flügel grau.

6. Eine *kleine Fleischfliege*. Körper, Pfauenfederfasern; Flügel, graue Enterichsfedern.

7. Die *Pfaufliege*. Körper und Flügel von Pfauenfedern.

8. Die *Ameisenfliege*. Körper, rothes und braunes Camelot, gemischt; Flügel hellgrau.

9. Die *braune Mücke*. Körper, sehr dünne, von braunem und violettem, wohlgemischtem Camelot; Flügel hellgrau.

10. Die *kleine schwarze Mücke*. Körper, schwarzes Haartuch; Flügel weißgrau.

11. Der *grüne Grashüpfer*. Körper, grüne und gelbe Wolle, gemischt, mit grüner Seide gebunden, und rothe Kapaunenfedern überall.

12. Der *kleine braune Grashüpfer*. Körper schlank, schwarzbraunes Camelot und eine schwarzbraune Hahnenfeder an der Spitze.

Juli.

Alle die kleineren Fliegen des vorigen Monates. Außerdem:

1. Die *Orangefliege*. Körper, orangefarbene Wolle; Flügel, schwarze Federn.

2. Die *kleine Weiße*. Körper, weißes Haartuch; Flügel, blaue Reiherfedern.

3. Die *Wespe*. Körper dunkelbraun, oder Schwanzfell einer schwarzen Katze, mit gelber Seide umbunden; Flügel, graue Enterichsfedern.

4. Die *schwarze Fliege*. Körper, Pfauenfederfasern, an der Spitze schwarze Hahnenfedern.

5. Es giebt auch eine *Fliege aus Pfauenfedern*, ohne Flügel.

6. Die *Schalfliege*. Körper, gelbgrüne Jerseywolle, mit eini-

gen weißen Schweinsborsten gemischt.

7. Die *schwarzblaue Fliege*. Körper, schwarzes Kaninchenfell, mit etwas Gelb gemischt; Flügel, blaue Taubenfedern.

August.

Dieselben Fliegen wie im Juli. Dann:

1. Eine *andere Ameisenfliege*. Körper, schwarzbraune Kuhhaare; Flügel dunkel. Sehr tödtend.

2. Die *Farnfliege*. Körper, das Fell von einem farrenfarbigem Hasennacken; Flügel, dunkelgraue Enterichsfedern. Auch sehr tödtend.

3. Die *weiße Fliege*. Körper, weißes Haartuch, mit weißen Hahnenfedern gebunden.

4. Die *große langbeinige Mücke*. Körper, Bärenfell und blaue Wolle, gemischt, und braune Hahnenfedern überall.

September.

Dieselben Fliegen wie im April. Dann:

1. Die *kameelbraune Fliege*. Körper, Lehm aus einer Lehmwand, mit rother Seide umwunden; Flügel, dunkelgraue Enterichsfedern.

2. Körper, schwarze Dachshaare, mit den feinsten Borsten eines Spanferkels gemischt.

October.

Dieselben Fliegen wie im März.

November.

Dieselben Fliegen wie im Februar.

December.

In diesem Monate und im Januar angeln nur Wenige mit F l i e g e n ; wenn aber das Wetter warm ist, dann wird eine **braune Fliege**, die in der Hand roth, gegen das Licht gehalten aber gelblich aussieht, bei klarem Wetter, ohne Schnee, locken und tödten.

H i e r will ich schließen und nur noch hinzufügen, daß von allen den Fliegen, die ich Ihnen genannt habe, sich keine mit der **grünen Wasserfliege** und der **Steinfliege** vergleichen kann. Bei ruhigem Wetter werden Sie nie so gute Jagd ha-

Die Dove Holes und Shepherd's Abbey.
Holzschnitt von J. JACKSON nach einem Bild von GOMPERTZ.

ben, wie bei einem heftigen Sturme; erstens, weil Sie dann nicht
so leicht von den Fischen gesehen werden können, und zweitens, weil
dann nur wenige Fliegen auf dem Wasser liegen können.

Manche meiner Fliegen werden Ihnen in Ihren südlichen Flüssen
keine großen Dienste leisten. Wenn Sie deshalb mit Erfolg nach meinen
Vorschriften angeln wollen, so müssen Sie mich besuchen und mit mir
im Peak angeln. Jetzt wollen wir zum Abendessen gehen, und wenn, wie
zu vermuthen, Morgen ein windiger Tag ist, dann wette ich Zehne gegen
Eins, daß wir zum Mittagessen ein vortreffliches Gericht von Fischen
haben werden.

Neuntes Kapitel.

Dritter Tag.

Pisc. Guten Tag, mein Herr, ich sehe Sie stehen immer vor
mir auf.

Viat. Ich bin so entzückt von der Jagd, die ich gestern hatte,
daß ich mich darnach sehne, wieder am Flusse zu sein. Als ich nun
heute Morgen den Wind rauschen hörte, hielt es mich nicht länger
im Bette. Ich hatte mich gerade angekleidet, als Sie eintraten.

Pisc. Wahrhaftig, mein Herr, ich bin froh, daß nicht allein
Sie für den Tag bereit sind, sondern auch, daß der Tag passend für
Sie ist. Sehen Sie, ich habe drei oder vier Fliegen für Sie gemacht,
von denen eine wohl ihre Schuldigkeit thun wird. Ich selbst bin
leider durch Geschäfte verhindert, Sie zu begleiten; ich will jedoch
in einigen Stunden kommen und Sie zum Essen abholen. Während
der Zeit soll mein Diener Sie begleiten.

Viat. Lassen Sie sich durch mich durchaus nicht stören; nur
leihen Sie mir ein Wenig von Ihrer Geschicklichkeit, dann hoffe
ich sicher Etwas auszurichten.

Pisc. Die beste Lehre, die ich Ihnen mittheilen kann, ist, daß
Sie in tiefen, stillen Wassern und nicht zwischen den Felsen, wo es

heute zu rauh ist, angeln. Außerdem möchte ich auch, daß Sie in beiden Wassern mit Erfolg fischen.

Viat. Ich will Ihnen gehorchen, und nun „guten Morgen". Kommen Sie, junger Mann, wir gehen zusammen. Aber von Ihnen, mein Herr, erwarte ich heute Nachmittag noch eine andere Unterweisung im Grundangeln.

Pisc. Gut, ich werde bereit sein.

Zehntes Kapitel.

Dritter Tag.

Pisc. Sind Sie zurückgekehrt? Sie kommen mir gerade zuvor. Ich wollte Sie eben abholen.

Viat. Ich bin froh, Ihnen die Mühe abgenommen zu haben.

Pisc. Welchen Erfolg haben Sie gehabt?

Viat. Hier sind drei Paar Forellen, eine von ihnen die größte von allen, die ich je mit der Fliege tödtete; und dennoch habe ich eine noch größere mitsammt einer Fliege verloren. Hier sind ferner drei Aeschen; eine derselben um einige Zolle größer, als meine gestrige.

Pisc. Sie haben eine gute Morgenarbeit gethan. Was halten Sie jetzt vom Dove?

Viat. Ich denke, er ist der beste Forellenfluß in England, und wäre er mein Eigenthum, so würde ich ihn nicht gegen alles das Land vertauschen, durch welches er jetzt fließt, wenn es ihm mangelte.

Pisc. Daraus erkennt man den wahren Freund der Angel, und um meine Unhöflichkeit, Sie heute Morgen allein gelassen zu haben, wieder gut zu machen, will ich selbst diese Fische für unser Mittagessen zubereiten. Ich werde in kurzer Zeit wieder bei Ihnen sein. –

Rückansicht von Cottons Fischerhau

Holzschnitt von J. JACKSON nach einem Bild von GOMPERTZ.

Nun, habe ich nicht schnell gemacht?

Viat. Sicherlich, und ich will sogleich mit meinem Essen beginnen.

Pisc. Thun Sie das. Nun? bin ich nicht ein erträglicher Koch?

Viat. Ein so guter, daß ich mich nicht erinnere, jemals einen so guten Fisch gegessen zu haben.

Pisc. Das könnten Sie mit Recht sagen, wenn diese Forelle in ihrer besten Saison wäre. Versuchen Sie jedoch die Aesche, welche in dieser Jahreszeit ein bedeutend besserer Fisch ist.

Viat. Wahrhaftig, Sie haben Recht. Ich bitte Sie, nachdem Sie mir gezeigt haben, wie diese Fische gefangen werden, mir auch mitzutheilen, wie sie zuzubereiten, denn diese Art und Weise übertrifft alle anderen.

Pisc. Gerne, ich bin froh, daß es Ihnen so gut schmeckt. Man bereitet sie folgendermaßen:

Nehmen Sie die Forelle, waschen und trocknen Sie dieselbe mit einem reinen Tuche. Oeffnen Sie sie dann, nehmen Sie die Eingeweide heraus und das Blut, und reiben Sie das Innere rein, aber ohne es zu waschen. Dann geben Sie ihr drei Schnitte bis auf die Gräten mit einem Messer, aber nur auf einer Seite. Dann thun Sie so viel alten Bieressig in einen reinen Kessel, so wie Weißwein und Wasser, bis der Fisch bedeckt ist. Werfen Sie Salz dazu, Citronenschaale, eine Handvoll von Meerettigstücken und ein Bündel Rosmarin, Thymian und Bohnenkraut. Lassen Sie diese Flüssigkeit auf einem raschen Holzfeuer aufkochen, ehe Sie den Fisch hineinthun. Sind es mehrere, so müssen sie einer nach dem anderen hineingethan werden, damit die Flüssigkeit nicht aus dem Kochen kömmt. Während der Fisch kocht, bereitet man aus Mehl und einigen Löffeln der obigen Flüssigkeit die Sauce. So wie der Fisch gar ist, gießen Sie die Flüssigkeit ab, legen Sie den Fisch mit der Sauce in die Schüssel, reichlich mit Meerettig überstreut, und garniren Sie das Ganze mit Citronenscheiben.

Eine Aesche wird eben so bereitet, nur wird Sie geschuppt entweder mit den Nägeln oder sehr leicht mit einem Messer. Wenn diese Fische, besonders Forellen, nicht vier bis fünf Stunden, nachdem sie gefangen, gegessen werden, so sind sie werthlos.

Jetzt, nachdem Sie gegessen haben, lassen Sie uns wieder meine Fischhütte aufsuchen, und dort will ich Ihnen eine Vorlesung über Grundfischen halten.

Eilftes Kapitel.

Dritter Tag.

Viat. Jetzt sind wir da; setzen wir uns und beginnen Sie gefälligst Ihre Belehrungen über Grundfischen nach Forellen und Aeschen. Diese Art der Angelei, obgleich nicht so reinlich, angenehm und vornehm wie das Fliegenfischen, ist dennoch eine gute Aushülfe, wenn man auf andere Art nichts mehr fangen kann.

Pisc. Das ist der Fall. Das Grundfischen zerfällt in zwei Abtheilungen, und dennoch giebt es eine dritte Weise, die sehr erfolgreich ist, wie ich Ihnen später sagen werde, namentlich mit einem Korke oder Schwimmer aus der Hand.

Das Angeln aus der Hand zerfällt in drei Abtheilungen.

Erstens mit einer halb so langen Leine wie Ihr Angelstock, gut mit Blei beschwert, und einem dreihärigen Vorfach. Dieses nennen wir eine laufende Leine. Zum Köder gebraucht man einen oder zwei Thauwürmer oder Spulwürmer, wie mein Vater Walton Ihnen schon mitgetheilt hat. Sie ködern Ihre Würmer folgendermaßen: stecken Sie die Spitze Ihrer Angel am Kopfe des ersten Wurmes an, und ziehen Sie dieselbe durch den Körper bis über den Knoten. Dort ziehen Sie dieselbe wieder heraus, und ziehen Sie den Wurm über den Schenkel der Angel, damit sie ihn mit den Fingern nicht verletzen, bis der an-

dere Wurm eben so, nur in umgekehrter Ordnung, angesteckt ist.
Dann ziehen Sie den ersten Wurm wieder zurück, bis die Knoten der
beiden Würmer sich berühren.

Die zweite Weise, mit einer laufenden Leine zu fischen, besteht darin, daß Ihre Leine etwas länger, als der Stock ist. Am Ende
der Leine befindet sich eine große Pistolen- oder eine Flintenku-
gel, die auf dem Grunde schleifen muß. Auf diese Weise kann man
immer die richtige Wassertiefe erkennen.

Die dritte Weise, aus der Hand am Grunde zu fischen, besteht
darin, daß die Leine eben so lang oder anderthalb Yards länger, als
die Ruthe ist. Als Vorfach benutzt man ein Haar, und als Blei eine
kleine Kugel. Die Angel muß klein sein; der Köder kleine wohlge-
reinigte Würmer, einen zur Zeit. Die Spitze der Angel wird am
Schwanze eingesteckt und durch den Körper gezogen, daß der
Kopf etwas vor der Spitze vorhängt und der Wurm auf das Haar
gezogen ist. Hiermit angelt man im klaren Wasser gegen den
Strom.

Wenn man auf Forellen angelt, so muß man so nahe am
Grunde wie möglich fischen, nur darf der Köder nicht schleppen.
Auf Aeschen muß man etwas weiter vom Grunde entfernt fischen.

Viat. Verzeihen Sie die Frage, ob es nicht ein Mittel giebt,
die Köder noch verlockender für Fische zu machen.

Pisc. Nicht, soviel ich weiß. Ich werde Ihnen jetzt die letzte
Art und Weise mittheilen, wie man Forellen und Aeschen fischt,
und dann werde ich Sie nicht mehr bemühen.

Viat. Es ist durchaus keine Mühe für mich, sondern gewährt
mir das größte Vergnügen.

Zwölftes Kapitel.

Dritter Tag.

Pisc. In halber Wassertiefe mit Elritzen auf Forellen und Aeschen zu angeln, zerfällt in zwei Weisen.

Erstens. Man fischt mit einer Elritze einen halben oder einen ganzen Fuß tief unter der Oberfläche des Wassers. In Bezug auf das Uebrige verweise ich Sie auf die Anweisungen meines Va-ters Walton, der ohne Zweifel der beste Elritzenfischer in England ist; nur bin ich kein Freund von seinen gesalzenen Ködern. Auch kann ich nicht mit ihm über das Auswerfen an einem starkbewachsenem Bache übereinstimmen, denn ich habe auf diese Weise viele Forellen, wenn auch nicht die Haken, verloren. Ich habe mich oft darüber gewundert, daß eine Forelle sich so leicht vom Haken losmacht, und dennoch ist es der Fall. Eine Forelle nimmt häufig die Leine und den Haken fort und wird einige Tage nachher tod gefunden. Wenn aber der Haken nicht tief gefaßt hat, so geht sie auf den Grund und wird dort solange verweilen, bis sie den Haken abgerieben oder abgebrochen hat.

Der zweite Weg zu angeln ist mit einem Wurme, mit einer Made, mit einem Strohwurme oder irgend einem anderen Grundköder auf Aeschen und Forellen, und zwar mit einem Korke. Einen Fuß vom Grunde wird man leichter eine Aesche fangen, als am Grunde selbst.

Jetzt habe ich Alles, was ich vom Angeln weiß, Ihnen mitgetheilt, und habe Sie zweifelsohne ermüdet. Jetzt aber will ich Ihnen, so lange wie Sie hierbleiben, nicht mehr beunruhigen, und ich hoffe, Sie werden noch lange bei mir verweilen.

Viat. Ich kann nur noch einen Tag bleiben; wenn ich aber bis zum Mai über's Jahr lebe, dann werde ich sicher, entweder mit meinem Meister Walton oder allein wiederkommen. In der Zwischenzeit will ich ihm sagen, wie viele Freundlichkeit Sie mir seinetwegen erzeigt haben, und ich bin sicher er liebt mich hinlänglich, um Ihnen dafür dankbar zu sein.

Pisc. Ich freue mich im Voraus auf Ihre angenehme Gesellschaft, wenn es mich auch betrübt von Ihnen scheiden zu müssen.
Wenn Sie aber fort müssen, so will ich Sie wenigstens einige Meilen weiter fortbegleiten, als ich Sie hierher verlockt habe und Ihnen dann eine gute Reise wünschen.

Im Tal des Dove.
Holzschnitt von M. Jackson nach einem Bild von Gompertz.

Die drei Platten der Ephemera-Ausgabe von 1853.

Erklärung der Platte Nr. 1:

Natürliche Fliegen.

Diese Platte zeigt sechs nach der Natur gezeichnete Repräsentanten von Insecten, deren man sich beim Fliegenfischen bedient.

Nr. 1. Die **Maifliege** oder die **grüne Wasserfliege** (ephemera vulgata) ist die vorzüglichste derselben. Die „ephemerae" sind außerordentlich zahlreich, von verschiedener Größe und Farbe, und erscheinen hauptsächlich in den Sommer- und Herbstmonaten. Ihre Flügel stehen aufrecht, auch haben sie Schwanzfasern. Für den Angler sind sie die wichtigsten. Wie schon ihr Name ausdrückt, haben sie nur ein sehr kurzes Leben, aber ein frischer Nachwuchs ersetzt immer wieder diejenigen, welche in einem Tage sterben.

Nr. 2. Die **Steinfliege** (phyrganeae) ist die größte ihrer Art. Man rechnet sie zu den Frühlingsfliegen, wenn sie auch das ganze Jahr hindurch erzeugt werden. Im Allgemeinen gesprochen haben sie flachliegende Flügel, wenn dieses auch nicht specifisch charakteristisch für sie ist, denn die gewöhnliche Hausfliege (musca), so wie andere, haben ebenfalls flachliegende Flügel. Die Fliegen dieser Art entstehen aus Wasserlarven und sind beim Angeln die nächstwichtigsten.

Nr. 3. Die **braune Märzfliege** oder die **große braune ephemera**. Sie ist fast so groß wie die Maifliege, und für Forellen in den Monaten März und April ein großer Leckerbissen. Sie ist unter den Anglern hoch geschätzt.

Nr. 4. Eine Art des Geschlechtes der „diptera" oder Zweiflügler. Diese Fliegen sind im Allgemeinen klein und haben zwei aufrechtstehende Flügel. An Form und Farbe ähneln sie sehr den Ephemeren. Als Köder sind sie sehr verlockend.

Nr. 5. Die **Ameisenfliege** (formica). Eine späte Sommer- und frühe Herbstfliege. Der Körper ist dem der Ameise gleich. Sie wird auf dem Lande, nicht im Wasser erzeugt. Die Flügel sind zart und durchsichtig, und der leichteste Wind weht sie auf die Oberfläche des Wassers. Aeschen, Rochen und Lauben nehmen sie gerne.

Nr. 6. Die **dunkle Wanderfliege**, eine dunkle Raupe mit hellgelben Ringen um den Körper. Eben so wie es verschiedene natürliche Raupen

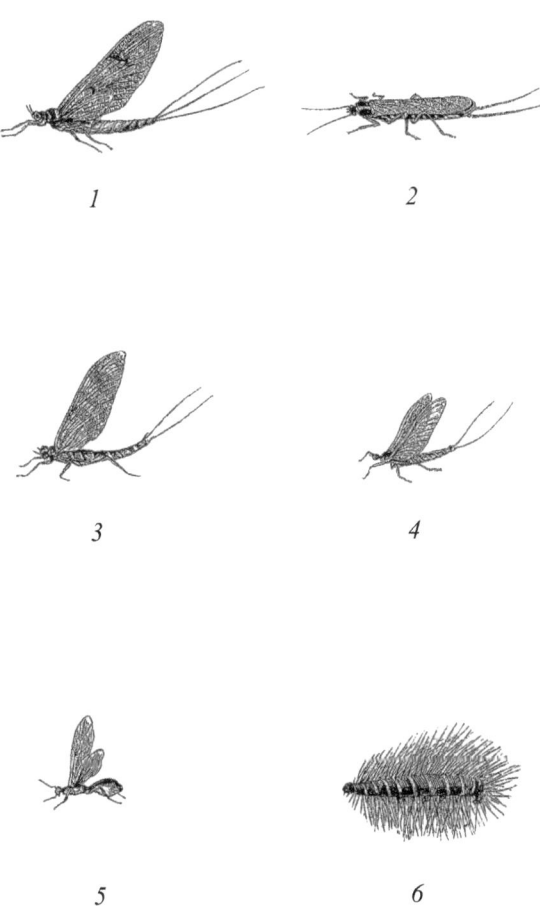

1

2

3

4

5

6

Natürliche Fliegen.

giebt, hat man auch verschiedene Nachbildungen derselben. In England sind sie ein guter Köder, nicht so in Irland und Schottland. Kaulbörse nehmen dieselben gerne. Mit großen künstlichen Raupen kann man große Themseforellen fangen; auch sind sie in den Flüssen von Süd-Wales gute Köder für Lachse.

Erklärung der Platte Nr. 2:

Künstliche Fliegen.

Die zweite Platte zeigt sechs künstliche Fliegen, welche den sechs natürlichen der ersten Platte nachgebildet sind. Der Beschauer wird in Allen, mit Ausnahme der zweiten, bei welcher die Flügel zu aufrecht stehen, eine Aehnlichkeit wiederfinden. Im Wasser jedoch werden diese Flügel flach liegen. Bei der Wasserfliege ist ein kleiner Fehler; die Fibern der Hahnenfeder sind nämlich nicht mit genügender Regelmäßigkeit getheilt. Die Wanderfliege wird gerade so wie Nr. 3 auf der dritten Platte gemacht, nur mit der Ausnahme, daß sie weder Flügel noch Schwanz hat.

Erklärung der Platte Nr. 3:

Diese Platte enthält Abbildungen von **künstlichen Fliegen in den verschiedenen Stadien der Vollendung**.

Nr. 1. Ist was man einen „armirten" Haken nennt. Haken und Vorfach werden folgendermaßen armirt oder befestigt: – Man wachset einen feinen Seidenfaden von einem Fuß bis achtzehn Zoll Länge, dann nimmt man den Haken zwischen den Daumen und Vorfinger der linken Hand; man macht einen oder zwei Schläge mit der Seide um den Angelschenkel, fast dem Widerhaken gegenüber, legt dann das Vorfach, unter dem Schenkel, auf dieselben und umwindet Beide fast bis zum Ende. Dann macht man einen Schlingknoten und läßt die Seide herabhängen.

Nr. 2. Hier setzt man die Flügel an. Hierzu benutzt man die längsten Fasern der Flügelfedern irgend eines kleinen Vogels. Man legt sie auf dem Rücken des Schenkels, nahe am Ende, und das dickste Ende der Fasern in die Richtung der Krümmung der Angel. Man bindet sie mit drei bis vier Schlägen fest, schneidet die unteren hervorstehenden Enden der Fibern ab, windet dann die Seide bis zu dem Punkte wo man die Armirung anfing

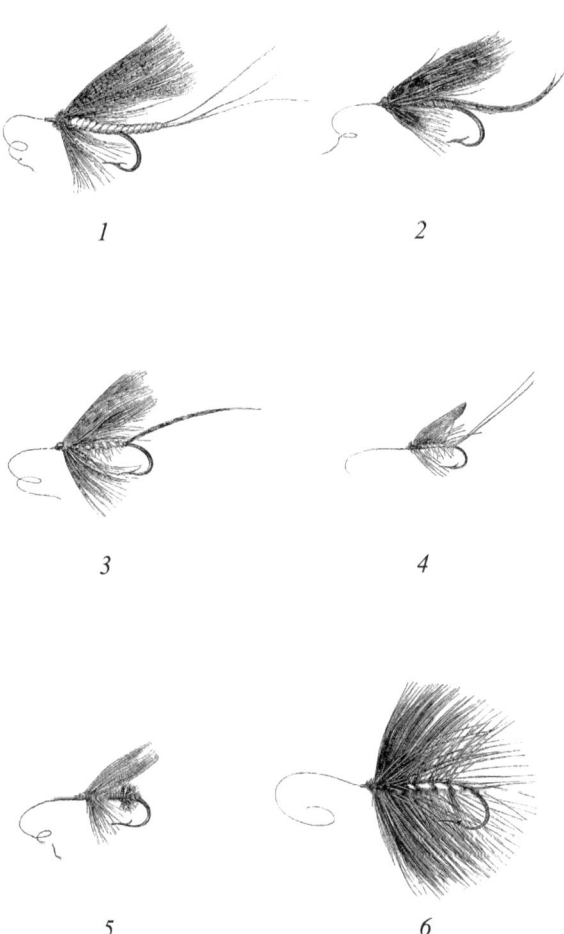

Künstliche Fliegen.

und läßt die Seide herabhängen.

Nr. 3. Hier setzt man die Schwanzfasern an und bindet die Hahnen-feder Nr. 2 an der Spitze fest, bereit um sie später umzuwinden. Beide werden dann angebunden, nachdem man die für Nr. 2 nöthige Operation beendet hat. Der Rücken der Feder muß dem Verfertiger zugewendet sein. Man faßt die Feder an dem nackten Ende und windet sie regelmäßig bis zu den Flügeln, und zwar so, daß die Fibern wie bei Nr. 4 und 5 vorstehen. Dann befestige sie mit zwei bis drei Schlägen, mache einen Knoten und schneide das vorstehende Ende ab.

Nr. 4. Nun zieht man die Seide durch Theilung der Flügel um das dicke Ende der halben Flügel an der linken Seite der Angel, führt die Seide wieder durch die Theilung und bindet sie um das dicke Ende des halben Flügels der anderen Seite. Dann drückt man die Flügel nieder, nach der Richtung der Krümmung der Angel, und bindet sie hinter der Schulter mit drei bis vier Schlägen, wodurch man zu gleicher Zeit den Kopf der Fliege bildet; mache einige Knoten und dann wird man Figur 5 haben.

Nr. 5. Man schneidet die überflüssige Seide weg und firnißt die Knoten, damit sie sich nicht lösen können.

Nr. 6. Zeigt die Faserfeder auf eine verschiedene Weise umgewunden. Die Fibern, die man hier sieht, sind einzelne Fasern von Zeug oder Haare irgend eines Pelzes, welche, nachdem der Schwanz befestigt war, bis zu den Flügeln umgebunden wurden. Dann wird ein Knoten gemacht und der überflüssige Stoff abgeschnitten. Darauf befestige man die Faser-feder wie man es hier sieht, und winde sie drei bis vier Male am Flügel um; mache darauf die Flügel ec. wie bei Nr. 4. Wenn es nothwendig ist Gold- und Silberfaden um den Körper zu wickeln, so muß man es vor der Faserfeder umwinden, nahe am dicken Ende des Schwanzes, und dann windet man die Faserfeder um. Dann windet man die Gold- oder Silber-fäden regelmäßig um, um die Rippen hervorzubringen, befestigt sie und schneidet das Ueberflüssige ab. An der Seite derselben winde man nach-her die Faserfeder. Wenn keine Faserfeder gebraucht wird, sondern nur ein Körper von Zeugfasern, so umwinde sie einfach und ziehe nachher zu den Füßen einzelne Fäden vor.

Der, welcher nach dieser Unterweisung keine Forellenfliege ma-chen kann, ist entweder schwach von Geist oder ungeschickt mit den Händen.   **Ephemera.**

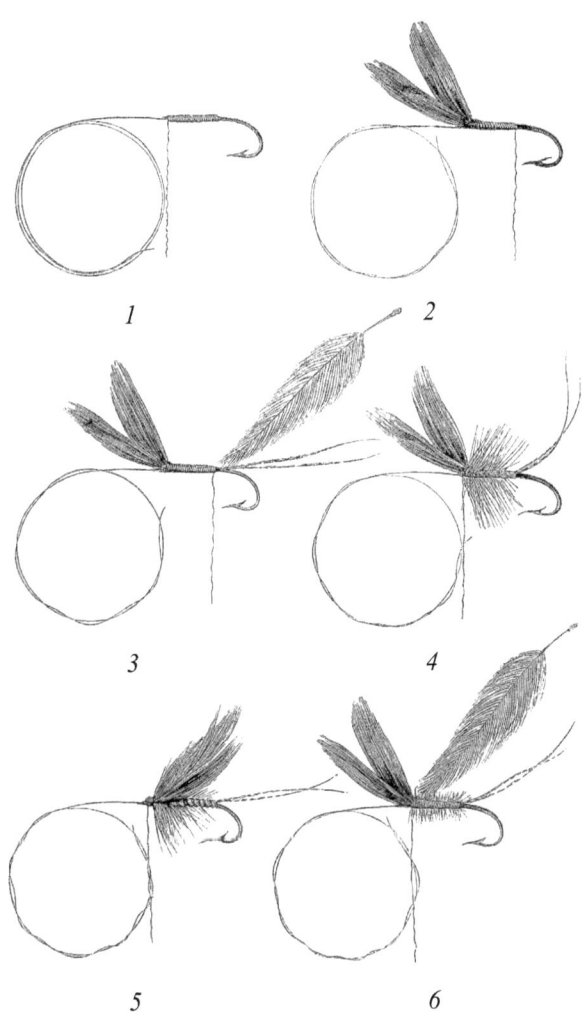

Künstliche Fliegen
in den verschiedenen Stadien der Vollendung.

Zu Cottons Rezepturen.

Henning von Monteton.

In der Kopfnote zum Monat April (Siebentes Kapitel) empfiehlt Cotton für alle braunen Muster (Browns) rote und für die schwarzbraunen bzw. grauen Muster (Duns) gelbe Bindeseide. Beide Farben verändern sich durch Benetzung mit Wasser stark. Rot wird zu Mahagoni, Gelb zu einem hellen Goldbraun.

Eine Fußnote von Ephemera zu den Februar-Fliegen erlaubt die Schlußfolgerung, daß Cotton die Muster Februar Nr. 6 bis 8 mit Palmerhecheln gebunden hat, obwohl er dies im Text nicht explizit sagt. Kopfhecheln waren, wie auch alle anderen Binderezepte Cottons belegen, damals noch nicht gebräuchlich.

Die Größenangaben für die Haken sind weitestgehend den Rezepturen von Cotton entnommen. Wo nicht vorhanden, stammen sie von Ronalds. Sie sind der aktuellen Hakenskala angepaßt.

Flügel wurden von Cotton aus Federfibern (Bunches) oder Federsegmenten hergestellt, nie jedoch aus ganzen Federn. Die Flügel wurden reversed, d.h. mit den Spitzen nach vorn eingebunden. Erst dann wurde der Körper gewickelt.

Vor dem Abschluß der Fliege wurden die Flügel mit dem Daumen nach hinten gedrückt und mit drei bis vier Fadenwindungen in Schrägstellung fixiert. Aus funktionellen Gründen dürfte diese 30° bis 45° betragen haben.

Wenn von Cotton (Bunch- oder Federfahnen-)Flügel im Plural angesprochen werden (engl. wing<u>s</u>), so wurden diese sicher schon damals durch Kreuzwicklungen geteilt. Paarige Flügel im heutigen Sinn (Federfahnen einer rechten und einer linken Feder) wurden von Cotton noch nicht verwendet.

Cotton 01 (Januar, Nr. 1): **Red Brown**.
Haken: Gr. 12 bis 14, 2x lang. · Bindeseide: Rot.
Flügel: Stockenten-Brustfedern (Mallard), nahezu weiß.
Körper: Rotbraunes Dubbing aus dem gefärbten Schwanzhaar (Unterwolle) eines langhaarigen, schwarzen Hundes.

Cotton 01. Cotton 02.

Cotton 03.

Cotton 02 (Januar, Nr. 2): **Very Little Bright-dun Gnat**.
Haken: Gr. 18 bis 20. · Bindeseide: Gelb.
Flügel: Ein kleiner weißer Flügel aus einem Federsegment.
Körper: Hell schwarzbraunes Dubbing aus Marderhaar und der
weißen Blume eines Feldhasen.
Anmerkung: Haken so klein wie möglich.

Cotton 03 (Februar, Nr. 1): **Another Red Brown**.
Haken: Gr. 12 bis 14, 2x lang. · Bindeseide: Rot.
Flügel: Stockenten-Brustfedern (Mallard), nahezu weiß.
Körper: Dunkel bis schwarz-rotbraunes Dubbing aus den feinen
Borsten, die man den dunklen Flecken eines Schweineohrs
entnimmt. Hier ist das Haar besonders fein.
Anmerkung: Das um die rote Bindeseide gesponnene Dubbing
mit der Dubbingnadel so aufrauhen, daß die rote Bindeseide
durchscheint.

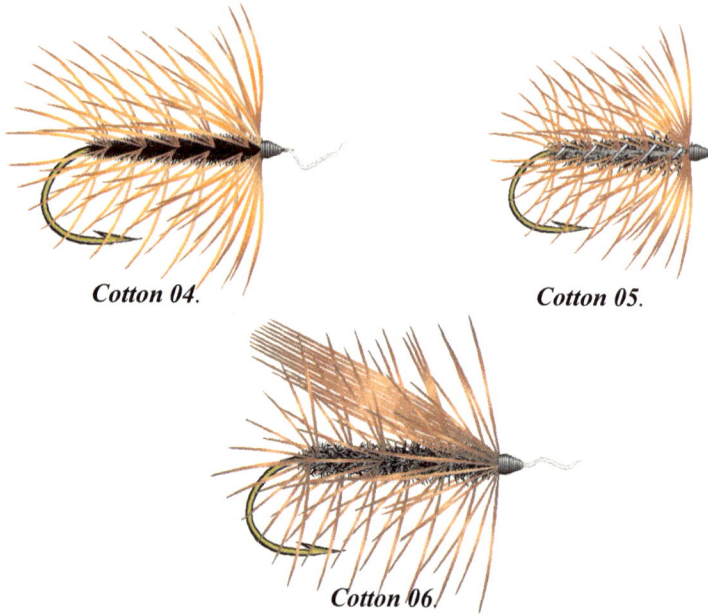

Cotton 04.   *Cotton 05.*

Cotton 06.

Cotton 04 (Februar, Nr. 2): **Plain Hackle**.
Haken: Gr. 12 bis 14. · Bindeseide: Schwarz.
Körper: Rauhes Dubbing aus der Unterwolle eines schwarzen
Spaniels oder schwarze Straußenfibern, verzwirnt.
Hechel: Hahnenhechel rotbraun, gepalmert.

Cotton 05 (Februar, Nr. 3): **A Lesser Hackle**.
Haken: Gr. 14 bis 16. · Bindeseide: Schwarz.
Rippung: Silbertinsel. · Körper: Dubbing schwarz.
Hechel: Hahnenhechel rotbraun, gepalmert.

Cotton 06 (Februar, Nr. 4): **A Great Hackle.**
Haken: Gr. 12 bis 14, 2x lang. · Bindeseide: Schwarz.
Flügel: Hahnenhechelfibern rotbraun, hakenschenkellang.
Körper: Dubbing schwarz.
Hechel: Hahnenhechel rotbraun, gepalmert, oben nicht gestutzt.

Zu Cottons Rezepturen.

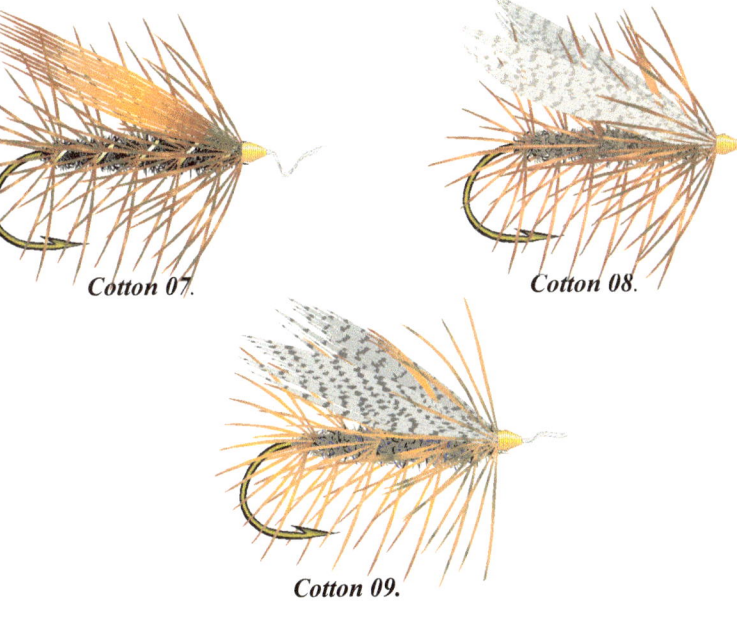

Cotton 07.

Cotton 08.

Cotton 09.

Cotton 07 (Februar, Nr. 5): **Another Great Hackle.**
Haken: Gr. 12 bis 14, 2x lang. · Bindeseide: Gelb.
Flügel: Hahnenhechelfibern rotbraun.
Rippung: Goldtinsel. · Körper: Dubbing schwarz.
Hechel: Hahnenhechel rotbraun, gepalmert, oben nicht gestutzt.

Cotton 08 (Februar, Nr. 6): · **Great Dun.**
Haken: Gr. 12 bis 14, 2x lang.· Bindeseide: Gelb.
Flügel: Stockente, Federn aus der Flanke nahe dem Schwanz
(Bronze Mallard), grau..
Körper: Dubbing aus der dunkelgrauen (schwarzbraunen)
Unterwolle eines Bären.
Hechel: Hahnenhechel rotbraun, gepalmert.

Cotton 09 (Februar, Nr. 7): · **Great Blue Dun.**
Haken: Gr. 12 bis 14, 2x lang. · Bindeseide: Gelb.

Cotton 10.   *Cotton 11.*

Cotton 12.

Flügel: Stockenten-Flankenfedern (Mallard), dunkelgrau.
Körper: Dubbing aus dunkelgrauer bzw. schwarzbrauner
Bären-unterwolle mit einer Spur blauen Kamelotts (gekämmte
Wolle).
Hechel: Hahnenhechel rotbraun, gepalmert.

Cotton 10 (Februar, Nr. 8): · **Dark Brown.**
Haken: Gr. 12 bis 14. · Bindeseide: Rot.
Flügel: Graue Federsegmente vom Erpel.
Körper: Braunes Dubbing, Haare von einer Kuh-Flanke.
Hechel: Hahnenhechel rotbraun, gepalmert.

Cotton 11 (März, Nr. 1): · **Little Whirling Dun.**
Haken: Gr. 14 bis16. · Bindeseide: Gelb.
Flügel: Graues Federsegment vom Erpel.
Körper: Schwarzbraunes Dubbing aus der Unterwolle eines

Cotton 13.

Cotton 14.

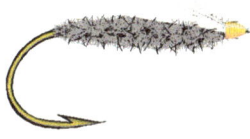

Cotton 15.

Eichhörnchenschwanzes.
Cotton 12 (März, Nr. 2): · **Bright Brown.**
Haken: Gr. 12 bis 14. · Bindeseide: Rot.
Flügel: Graues Federsegment vom Erpel.
Körper: Braunes Dubbing, Haare vom Spaniel oder von den
Flanken einer Kuh.

Cotton 13 (März, Nr. 3): **Whitish Dun.**
Haken: Gr. 12 bis 14. · Bindeseide: Gelb.
Flügel: Stockenten-Brustfedern (Mallard), grau.
Körper: Kamelhaar, Unterwolle, weißlich graubraun.

Cotton 14 (März, Nr. 4): **Thorntree Fly.**
Haken: Gr. 14 bis 16. · Bindeseide: Schwarz.
Flügel: Stockenten-Brustfedern (Mallard), so weiß wie möglich.
Körper: Tiefschwarzes Dubbing mit 8 bis 10 Haaren

Cotton 16.

Cotton 17.

isabellfarbenem Mohair. Körper so klein, wie möglich.
Cotton 15 (März, Nr. 5): **Blue Dun.**
Haken: Gr. 12 bis 14. · Bindeseide: Gelb.
Flügel: Schneeweiße Federsegmente.
Körper: Blue-dun-farbenes Dubbing aus der Unterwolle vom
Nacken eines schwarzen Greyhounds .

Cotton 16 (März, Nr. 6): **Little Black Gnat.**
Haken: Gr. 14 bis 16. · Bindeseide: Schwarz.
Flügel: Stockenten-Brustfedern (Mallard), möglichst weiß.
Körper: Schwarzes Dubbing aus der Unterwolle vom
Waterdog (große Hunderasse) oder aus den Daunen eines
Wasserhuhns (Ralle).
Anmerkungen: Körper klein und kurz.
Flügellänge nur ca. Körperlänge.

Cotton 17 (März, Nr. 7): **Another Bright Brown.**
Haken: Gr. 12 bis 14. · Bindeseide: Rot.
Flügel: Braune Federsegmente von einer Henne.
Körper: Hell goldbraunes Dubbing aus den Haaren früh-geborener Kälber, deren Fell in der Kalkgrube einer Gerberei gebleicht
wurde.

Cotton 18 (April, Nr. 1): **Small Bright Brown.**
Haken: Gr. 14 bis 16. · Bindeseide: Rot.
Flügel: Hellgraues Federsegment.

Cotton 18.   *Cotton 19.*

Cotton 20.

Körper: Hellbraunes Dubbing aus der Unterwolle vom Spaniel.
Cotton 19 (April, Nr. 02): ·**Little Dark Brown.**
Haken: Gr. 14 bis 16. · Bindeseide: Rot.
Flügel: Stockenten-Brustfeder (Mallard), grau.
Körper: Mischung aus dunkelbraunem Dubbing und einer Spur
violetten Kamelotts (gekämmte Wolle).

Cotton 20 (April, Nr. 3): **Violet Fly.**
Haken: Gr. 14 bis 16. · Bindeseide: Dunkelviolett.
Körper: Bindeseide dunkelviolett.
Flügel: Stockenten-Brustfedern (Mallard), grau.

Cotton 21 (April, Nr. 4): **Whirling Dun.**
Haken: Gr. 12 bis 14. · Bindeseide: Gelb.
Flügel: Stockenten-Brustfedern (Mallard), hellgrau.
Rippung: Bindeseide gelb.

Cotton 21.

Cotton 22.

Cotton 23.

Körper: Dubbing aus der aschgrauen Unterwolle junger Füchse.
Cotton 22 (April, Nr. 5): **Yellow Dun.**
Haken: Gr. 12 bis 14. · Bindeseide: Gelb.
Flügel: Weißgraues Federsegment.
Körper: Dubbing aus Kamelhaar, gelbem Kamelott oder gelber Wolle.

Cotton 23 (April, Nr. 6): **Little Brown**.
Haken: Gr. 14 bis 16. · Bindeseide: Rot.
Flügel: Graues Federsegment.
Körper: Dubbingmischung aus dunkelbraunem und violettem Kamelott.
Anmerkung: Sehr schlanker Körper.

Cotton 24 (April, Nr. 7): **Horse-flesh Fly**.
Haken: Gr. 12 bis 14, 2x lang. · Bindeseide: Dunkelbraun.
Flügel: Hellgraues oder hellbeiges Federsegment.

Cotton 24.   *Cotton 25.*

Cotton 26.

Körper: Dubbingmischung aus blauem Mohair, pinkfarbenen
und roten Etaminfasern (Vorhangstoff aus Leinen).

Cotton 25 (Mai, Nr. 1): **Turkey Fly**.
Haken: Gr. 12. · Bindeseide: Gelb.
Flügel: Stockenten-Brustfedern (Mallard), grau.
Rippung: Bindeseide gelb. · Körper: Blaues Dubbing.

Cotton 26 (Mai, Nr. 2): **Great Palmer Fly**.
Haken: Gr. 12 bis 14. · Bindeseide: Gelb.
Flügel: Große Stockenten-Brustfedern (Mallard), gelb gefärbt.
Rippung: Goldtinsel. Körper: Gelbe Bindeseide
Hechel: Hahnenhechel rotbraun, gepalmert.

Cotton 27 (Mai, Nr. 3): **Black Fly**.
Haken: Gr. 12 bis 14. · Bindeseide: Schwarz.

Cotton 27.

Cotton 28.

Cotton 29.

Flügel: Stockenten-Brustfedern (Mallard), grau.
Körper: Schwarzes Dubbing vom Spaniel.

Cotton 28 (Mai, Nr. 4): **Light Brown**.
Haken: Gr. 12 bis 14. · Bindeseide: Rot.
Flügel: Stockenten-Brustfedern (Mallard), grau.
Körper: Dubbing hellbraun, um die Bindeseide gesponnen
und nach dem Auftragen mit einer Nadel so aufgerauht,
daß die rote Bindeseide durchschimmert.
Anmerkung: Schlanker Körper.

Cotton 29 (Mai, Nr. 5): **Little Dun**.
Haken: Gr. 14 bis 16. · Bindeseide: Gelb.
Flügel: Stockenten-Brustfedern (Mallard), grau.
Körper: Dunkelgraue (schwarzbraune) Unterwolle vom Bären.

Cotton 30.

Cotton 31.

Cotton 32.

Cotton 30 (Mai, Nr. 6): **White Gnat**.
Haken: Gr. 14 bis 16. · Bindeseide: Schwarz.
Flügel: Weißgraues Federsegment.
Körper: Weißes Dubbing.

Cotton 31 (Mai, Nr. 7): **Peacock Fly**.
Haken: Gr. 12 bis 14. · Bindeseide: Rot.
Flügel: Stockenten-Brustfedern (Mallard), grau.
Körper: Pfaugras mit der Bindeseide verzwirnt.

Cotton 32 (Mai, Nr. 8): **Dun Cut**.
Haken: Gr. 12 bis 14, 2x lang. · Bindeseide: Gelb.
Flügel: Großes, dunkelgraues (schwarzbraunes) Federsegment.
Körper: Dunkelgraue (schwarzbraune) Bären-Unterwolle,
der ein wenig blaues und gelbes Dubbing beigemischt wird.
Fühler: Zwei. Aus Haaren vom Eichhörnchenschwanz.

Cotton 33.

Cotton 34.

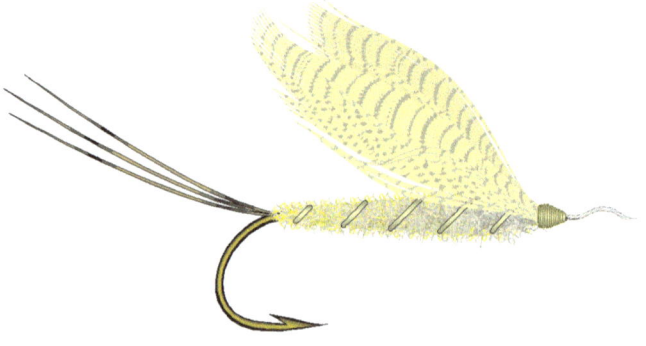

Cotton 35.

Cotton 33 (Mai, Nr. 9): **Cow Lady**.
Haken: Gr. 14. · Bindeseide: Rot.
Flügel: Rotes Federsegment oder Federfibern.
Körper: Pfaugras, mit der Bindeseide verzwirnt.

Cotton 34 (Mai, Nr. 10): **Cowdung Fly**.
Haken: Gr. 12. · Bindeseide: Rot.
Flügel: Stockenten-Flankenfeder (Mallard), dunkelgrau.
Körper: Mischung aus hellbraunem und gelbem Dubbing.

Cotton 35 (Mai, Nr. 11): **Green Drake**.
Haken: Gr. 8 bis 10, 2x lang.

Cotton 36.

Bindeseide: Gelb, mit grünem Wachs eingefärbt.
Flügel: Stockenten-Brustfedern (Mallard), gelb gefärbt.
Schwanz: Drei Fibern vom Zobel oder Iltis, nach oben gebogen.
Rippung: Gelbe Bindeseide, mit grünem Wachs eingefärbt.
Körper: Dunkelgelbe Dubbingmischung aus Kamelhaar, heller
Unterwolle vom Bären, weichen Schweinsborsten und gelbem
Kamelott (gekämmte Wolle).
Anmerkung: Großer, langschenkliger Haken, langer Körper.

Cotton 36 (Mai, Nr. 12): **Gray Drake**.
Haken: Gr. 8 bis 10, 2x lang. · Bindeseide: Schwarz.
Flügel: Stockenten-Flankenfedern (Mallard), schwarzgrau.
Schwänzchen: Drei Barthaare einer schwarzen Katze,
etwas nach oben gebogen.
Rippung: Schwarze Bindeseide.
Körper: Blaß aschgraue Dubbingmischung aus weichen
Schweinsborsten und grauer Unterwolle vom Spaniel.
Anmerkung: Großer, langschenkliger Haken, langer Körper.

Cotton 37 (Mai, Nr. 13): **Stone Fly**.
Haken: Gr. 10 bis 12, 2x lang. · Bindeseide: Gelb.
Flügel: Lange, große Stockenten-Flankenfedern (Mallard),
dunkelgrau.

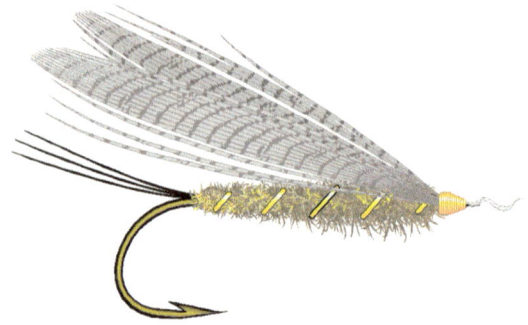

Cotton 37.

Schwänzchen: Drei Barthaare einer schwarzen Katze,
mit dem Dubbing aufgefächert und etwas nach oben gebogen.
Rippung: Gelbe Bindeseide.
Körper: Dubbingmischung aus dunkelgrauer
(schwarzbrauner) Unterwolle vom Bären mit ein wenig
braunem und gelbem Kamelott (gekämmte Wolle).
Das Dubbing wird so plaziert, daß der Körper zum Hakenbogen
hin heller (bzw. gelber) gefärbt ist.

Cotton 38 (Mai, Nr. 14): **Another Black Fly**.
Haken: Gr.12, 2x lang. · Bindeseide: Schwarz.
Rippung: Silbertinsel. · Körper: Straußenfibern schwarz.
Hechel: Hahnenhechel schwarz, gepalmert.

Cotton 39 (Mai, Nr. 15): **Little Yellow Mayfly**.
Haken: Gr. 12 bis 14, 2x lang.
Bindeseide: Gelb, mit grünem Wachs eingefärbt.
Flügel: Stockenten-Brustfedern (Mallard), gelb gefärbt.
Schwänzchen: Drei Fibern vom Zobel oder Iltis,
etwas nach oben gebogen.
Rippung: Gelbe Bindeseide, mit grünem Wachs eingefärbt.
Körper: Hellgelbes Kamelott (gekämmte Wolle).
Anmerkung: Kleiner, langschenkliger Haken, langer Körper.

Zu Cottons Rezepturen.

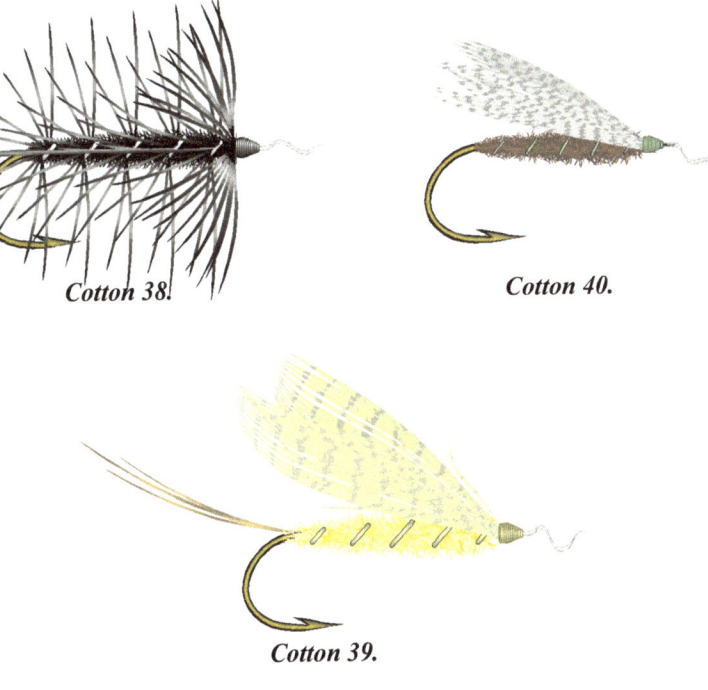

Cotton 38.

Cotton 40.

Cotton 39.

Cotton 40 (Mai, Nr. 16): **Camlet Fly**.
Haken: Gr. 12 bis 14. · Bindeseide: Hellgrün, fein.
Flügel: Stockenten-Brustfedern (Mallard), grau,
gebunden ähnlich einer Motte.
Rippung: Hellgrüne, feine Bindeseide.
Körper: Dunkelbraunes, glänzendes Kamelott.

Cotton 41 (Juni, Nr. 1): **Owl Fly**.
Haken: Gr. 12 bis 14. · Bindeseide: Gelb.
Flügel: Weißgraues Federsegment.
Körper: Weißes Dubbing vom Schwanz des Hermelins.

Cotton 42 (Juni, Nr. 2): **Barm Fly**.
Haken: Gr. 12 bis 14. · Bindeseide: Gelb.

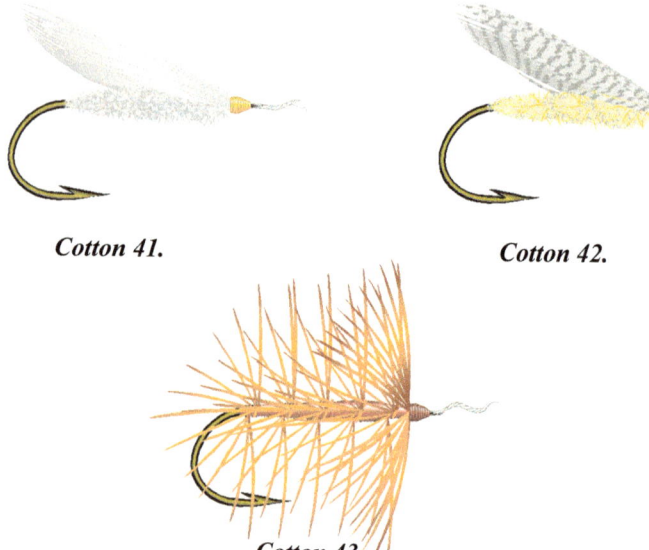

Cotton 41.

Cotton 42.

Cotton 43.

Flügel: Stockenten-Brustfeder (Mallard), grau.
Körper: Dubbing aus dem Fell einer gelbgrauen Katze.

Cotton 43 (Juni, Nr. 3): **Purple Body Hackle**.
Haken: Gr. 12 bis 14. · Bindeseide: Purpurrot.
Körper: Purpurrote Bindeseide.
Hechel: Hahnenhechel rotbraun, gepalmert.

Cotton 44 (Juni, Nr. 4): **Gold Twist Hackle**.
Haken: Gr. 12 bis 14. · Bindeseide: Purpurrot.
Rippung: Goldtinsel.
Körper: Purpurrote Bindeseide.
Hechel: Hahnenhechel rotbraun, gepalmert.

Cotton 45 (Juni, Nr. 5): **Flesh Fly**.
Haken: Gr. 12 bis 14. · Bindeseide: Schwarz.

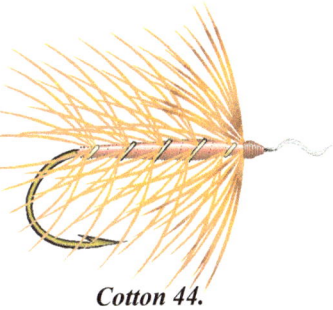

Cotton 44.

Cotton 45.

Cotton 46.

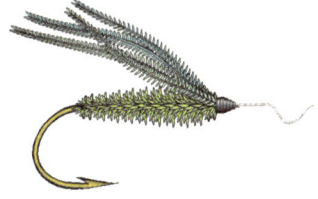

Cotton 47.

Flügel: Graues Federsegment.
Körper: Dubbingmischung aus schwarzer Unterwolle vom
Spaniel und blauer Wolle.

Cotton 46 (Juni,, Nr. 6): **Little Flesh Fly**.
Haken: Gr. 14 bis 16. · Bindeseide: Schwarz.
Flügel: Graue Federsegmente vom Stockentenerpel.
Körper: Pfaugras, mit der Bindeseide verzwirnt.

Cotton 47 (Juni, Nr. 7): **Another Peacock Fly**.
Haken: Gr. 14 bis 16. · Bindeseide: Schwarz.
Flügel: Spitzen von Pfauenschwertfedern (Peacocksword).
Körper: Pfaugras, mit der Bindeseide verzwirnt.

Cotton 48.   *Cotton 49.*

Cotton 50.

Cotton 48 (Juni, Nr. 8): **Flying Ant**.
Haken: Gr. 14 bis 16. · Bindeseide: Rot.
Flügel: Hellgraues Federsegment.
Körper: Mischung aus braunem und rotem
Kamelott (gekämmte Wolle).

Cotton 49 (Juni, Nr. 9): **Brown Gnat**.
Haken: Gr. 14 bis 16. · Bindeseide: Rot.
Flügel: Hellgraues Federsegment.
Körper: Dubbingmischung aus braunem und violettem Kamelott.
Anmerkung: Sehr schlanker Körper.

Cotton 50 (Juni, Nr. 10): **Another Little Black Gnat**.
Haken: Gr. 14 bis 16. · Bindeseide: Schwarz.
Flügel: Weißgraues Federsegment.
Körper: Dubbing aus schwarzem Mohair.

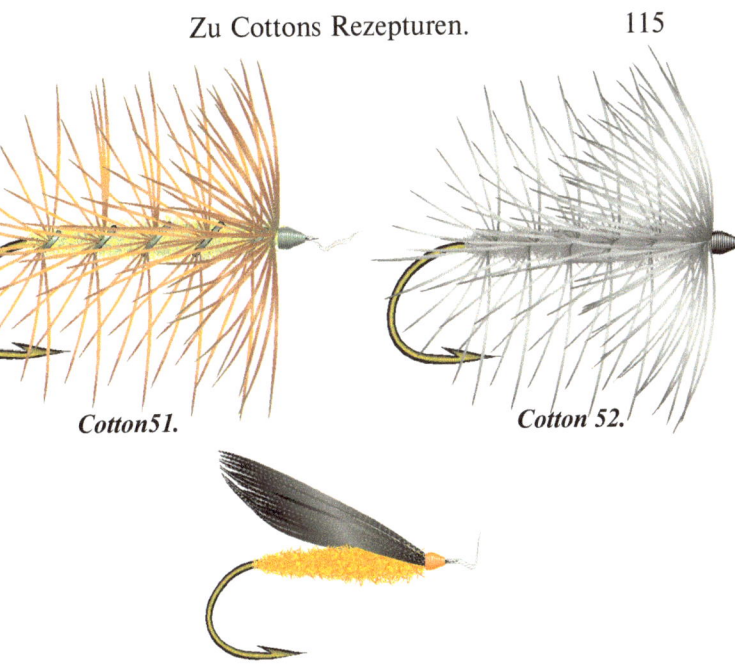

Cotton51.

Cotton 52.

Cotton 53.

Cotton 51 (Juni, Nr. 11): **Green Grasshopper**.
Haken: Gr. 10 bis 12, 2x lang. · Bindeseide: Grün.
Rippung: Grüne Bindeseide.
Körper: Dubbingmischung aus grüner und gelber Wolle.
Hechel: Hahnenhechel rotbraun, gepalmert.

Cotton 52 (Juni, Nr. 12): **Dun Grasshopper**.
Haken: Gr. 10 bis 12, 2x lang. · Bindeseide: Schwarz.
Körper: Schlanker, aus dunkelgrauem Kamelott
gedubbter Körper .
Hechel: Hahnenhechel dunkelgrau, gepalmert.

Cotton 53 (Juli, Nr. 1): **Orange Fly**.
Haken: Gr. 12 bis 14. · Bindeseide: Orange.
Flügel: Schwarzes Federsegment.
Körper: Dubbing aus orangefarbener Wolle.

Cotton 54.

Cotton 55.

Cotton 56.

Cotton 54 (Juli, Nr. 2): **Little White Dun**.
Haken: Gr. 14 bis 16. · Bindeseide: Gelb.
Flügel: Graublaue Federsegmente vom Fischreiher.
Körper: Dubbing aus weißem Mohair.

Cotton 55 (Juli, Nr. 3): **Wasp Fly**.
Haken: Gr. 10 bis 12. · Bindeseide: Gelb.
Flügel: Stockenten-Brustfedern (Mallard), grau.
Rippung: Gelbe Bindeseide.
Körper: Mischung aus dunkelbraunem Dubbing und der
Unterwolle aus einem schwarzen Katzenschwanz.

Cotton 56 (Juli, Nr. 4): **Black Winged**.
Haken: Gr. 12 bis 14. · Bindeseide: Schwarz.
Flügel: Schwarze Hechelfibern vom Hahn.
Körper: Pfaugras mit der Bindeseide verzwirnt.

Cotton 57. *Cotton 58.*

Cotton 59.

Cotton 57 (Juli, Nr. 5): **Black Hackle**.
Haken: Gr. 12 bis 14. · Bindeseide: Schwarz.
Körper: Pfaugras, mit der Bindeseide verzwirnt.

Cotton 58 (Juli, Nr. 6): **Shell Fly**.
Haken: Gr. 12 bis 14, 2x lang. · Bindeseide: Gelb.
Körper: Dubbingmischung aus grüngelber Jerseywolle und
einigen weichen, weißen Schweinsborsten (Unterwolle).

Cotton 59 (Juli, Nr. 7): **Black Blue Dun**.
Haken: Gr. 12. · Bindeseide: Schwarz.
Flügel: Graublaue Federsegmente von einer Taube.
Körper: Dubbing aus schwarzem Kanin mit einer Spur Gelb.

Cotton 60 (August, Nr. 1): **Ant Fly**.
Haken: Gr. 14 bis 16. · Bindeseide: Rot.

Cotton 60.   *Cotton 61.*

Cotton 62.

Flügel: Dunkelgraues Federsegment.
Körper: Dubbing aus schwarzem und braunem Kuhhaar.
Am Körperende mit der Bindeseide einen roten Tag winden.

Cotton 61 (August, Nr. 2): **Fern Fly**.
Haken: Gr. 12 bis 14. · Bindeseide: Rot.
Flügel: Stockenten-Flankenfeder (Mallard), dunkelgrau.
Körper: Dubbing vom Hasennacken.

Cotton 62 (August, Nr. 3): **White Hackle**.
Haken: Gr. 14. · Bindeseide: Gelb.
Körper: Dubbing aus weißem Mohair.
Hechel: Hahnenhechel weiß, gepalmert.

Cotton 63 (August, Nr. 4): **Harry Long Legs**.
Haken: Gr. 10 bis 12, 2x lang. · Bindeseide: Gelb.

Cotton 63.

Cotton 64.

Cotton 65.

Körper: Dubbingmischung aus dunkelgrauer (schwarzbrauner)
Unterwolle vom Bären und blauer Wolle.
Hechel: Hahnenhechel braun, gepalmert.

Cotton 64 (September, Nr. 1): **Camel Brown Fly**.
Haken: Gr. 12 bis 14. · Bindeseide: Rot.
Flügel: Stockenten-Flankenfeder (Mallard), dunkelgrau.
Rippung: Rote Bindeseide.
Körper: Dubbing aus Rinderhaaren, die man dem Kalkverputz
einer Fachwerkhauswand entnehmen kann.

Cotton 65 (September, Nr. 2): **Badger Fly**.
Haken: Gr. 14 bis 16. · Bindeseide: Gelb.
Körper: Dubbingmischung aus schwarzer Unterwolle vom Dachs
und der gelblich-roten Unterwolle eines kastrierten Ebers, die
besonders weich und fein ist.

Anhang 3.

Die Förderer der Druckausgabe dieses Buchs im Jahr 2000.

Die Wiederveröffentlichung der Schumacher'schen Übersetzung von Charles Cottons *Unterweisungen* ... wurde durch diese Subskribenten ermöglicht:

Roland Thräner * Jochen Wagner * Albert Scharwitz * Ernst Luidl * Werner Steinsdorfer Gerd-Peter Wieditz * Michael Seubert * Andreas Sassmann * Edgar Matuschek Wagner Martin * Viktor Sermek * Dr. Franz Erlinger * Österreichische Fischereigesellschaft, gegr. 1880 * Matthias Knorr * Peter Schuster * Rolf Martin * August Müller * Karl Bühler * Marco Biancotti * Ewald Jürgen * Dr. Peter Haupt * Dietmar Mihalik * Kvetoslav Mädler * Karl-Heinz Brähler * Wolfgang Frost * Hans Dietrich * Dr. Peter Fischer * Manfred Fünger * Rolf Heimann * Heinz Lorenz * Peter Evers * Dr. Michael Knümann * Franz Kladek * Walter Lürßen * Reinhold Schmidle * Dr. Armin Göllner Thomas Neuhaus * Rudolf Reichel * Reinhold Bruder * Winfried Stephan * Ernst Ramseier * Dr. Peter Knirsch * Robert Peter Silberhorn * Dr. Kurt Aigner * Dieter Frantzen * Heinz Weiland * Manuel Schrader * Gernot Jäger * Wolfgang Krzepek * Hans Fischer * Richard Unterwurzacher * Gottfried Gruber * Hubert Westermann * Detlef Breucker * Alfred Baudisch * Dr. Reto Rhyn * Horst Baselmann * Dr. Christian Miersch Gerhard Schrade * Bernhard Volz * Michael Popp * Beat Schlegel * Norbert Kleber Martin Richter * Bernd Raue * Helmut Cerny * Georg Kundt * Thomas Schroeder Rudolf Sparwel * Guido Werner * Kurt Weber * Sascha Malz * Fritz Grunder * Markus Peter Mergner * Dierk Ströle * Barbara Berlage * Roland Dix * Hans Schröder * Walter Reisinger * Foto-Krewer * Dieter Tillmann * Bernd Hentschke * Gerhard Weiser * Günter Schlag * Joachim O. Wolf * Klaus Löbbert * Dieter Siegel * Matthias Schüle * Frank Ratschinski * Jens Voigt * Reinhard Lessel * Rolf Herrmanns * Peter Casimir * Helmut Hamer * Helmut Kraft * Gerald Vogel * Helmut Theysohn * Gerold Clasen * Reiner Skoluda * Siegfried Thomasberger * Anton Buchner * Manfred Ortner * Friedrich Tomasin * Leonhard R. Peter * Uwe Renzelmann * Werner Schettler * Alfred Hoffmann * Gerhard Schadl * Christian Mairold * Helmut Irle * Theo Simons * Peter Kahr * Peter de Courten * Dietrich Weber * Dirk Witulski * Dr. Uli Beer * Antje Otte in Holte * Ulrich Klapp * Walter Ochs * Kurt Pilchowski * Stefan Forst * Reinhard Steiner * Dr. Kurt Horvatek * Siegfried Mögel * Hermann Stieglbauer * Jürgen List * Dr. Josef Brosche Michael Betzner * Josef Nusterer * Peter Kirchsträßer * Günter O. Lebisch * Dr. Anton Geiger * Uwe Kottusch * Wolfgang Pfeifer * Dr. Andreas Preuß * Hans Majeron * Armin Ringsdorf * Reinhard Sonnet * Klaus Hanitzsch * Rudi Vrcek * Hans Jürgen Heimberg Erich Paulitschka * Rico Büchler * Adolf Sommer * Rudolf Huber * Michael Schremser Rudi Heger GmbH * Ekkehard Haarhaus * Wendy Hofmaier * Mario Corte * Hans-Albert Krüger * Dr. Rainer Hingsamer * Ernst-W. Schleipmann * Volker Schwarz * August Rusch * Peter Stratmann * Heimo Huber * H.R. Hebeisen * Peter Kadetschka * Dr. Siegfried Hummelsberger * Willy Lodermeyer * Dr. Alois Schneck * Dr. Peter Stürzenhofecker * Bernward Großekemper * Ulrich R. Reichenzeller * Günter Stiefvater Walter Engler * Martin Peters * Lars Bert Wetteskind * Karl-Heinz Rhode * Volker Glasmacher * Lars Meier * Wolfgang Schumacher * Otto Schröter * Werner Blumentritt Helmut Sewe * Detlef Gale * Peter Unger * Irmgard Weidmann * Kurt Dietl * Robert Eisenmann * Christian Sietz * Manfred Braig * Olaf Breitkreuz * Gerd-Ulrich Busch Gerd Pfeiffer * Matthias Haas * Hartmut Kloss * Piero Salvodelli

Nürnberg, im Oktober 2000 · Verlag J. Schück
Nürnberg, im Oktober 2020 · Verlag J. Schück Nachfahren